감수 · 김선주(연세대학교 컴퓨터과학과 부교수)
노스캐롤라이나대학교 채플힐 캠퍼스에서 박사 학위를 받고 현재 연세대학교 컴퓨터과학과에 재직하고 있습니다.
시각 지능 연구 전문가이며, 한국컴퓨터비전학회 이사와 한국정보과학회의 인공지능소사이어티 이사로 활동 중입니다.
시각 지능 관련 세계 최우수 학술 대회에 10편 이상의 논문을 발표했습니다.

지음 · 김수경
서울대학교 졸업 후 잡지와 방송에 글을 쓰다가 어린이 책을 쓰기 시작했습니다. 지은 책으로는 《덩키호테 박사의 종횡무진 과학모험(현4권)》《행복한 부자가 되는 소녀 경제 이야기 65》《우리 아이 창의력을 키워 주는 신기한 로봇백과》《우리 아이 탐구력을 키워 주는 신비한 바다해저백과》《우리 아이 상상력을 키워 주는 놀라운 드론백과》 등이 있습니다.

그림 · 정주연
만화가와 삽화가, 만화 강사로 활발히 활동 중입니다. 그동안 《월드 크래프트 어드벤처》를 비롯하여 〈How so?〉 시리즈의 《지구》《바다》《우주와 태양계》《군주론》《의무론》 등의 만화를 그렸으며, 〈스토리텔링 수학〉 시리즈의 《스파이 수학》《바이킹 수학》 등의 삽화를 그렸습니다.

2019년 6월 10일 초판 1쇄 펴냄
2022년 9월 10일 초판 2쇄 펴냄

지음 · 김수경 **그림** · 정주연 **감수** · 김선주(연세대학교 컴퓨터과학과 부교수)
사진 제공 · 게티이미지뱅크, KAIST 휴머노이드 로봇 연구 센터

펴낸이 · 이성호 **펴낸곳** · (주)글송이
편집/디자인 · 오영인, 이여주, 임주용 **마케팅** · 이성갑, 윤정명, 이현정, 김병선, 문현곤, 조해준, 이동준
경영지원 · 최진수, 이인석, 진승현

출판 등록 · 2012년 8월 8일 제2012-000169호 **주소** · 서울시 서초구 능안말1길 1 (내곡동)
전화 · 578-1560~1 팩스 · 578-1562 홈페이지 · www.gsibook.com

ⓒ글송이, 2019

ISBN 979-11-7018-517-8 74400
　　　979-11-7018-343-3 (세트)

*이 도서의 국립중앙도서관 출판시도서목록(CIP)은 서지정보유통지원시스템 홈페이지(http://seoji.nl.go.kr)와 국가자료공동목록시스템(http://www.nl.go.kr/kolisnet)에서 이용하실 수 있습니다. (CIP제어번호: CIP2019018907)

*이 책은 저작권법에 따라 보호받는 저작물입니다. 무단 전재와 무단 복제를 금지하며, 이 책의 내용이나 사진의 전부 또는 일부를 이용하려면 반드시 (주)글송이와 사진 저작권자의 서면 동의를 받아야 합니다.

감수의 글

새로운 시대에 대비하기 위해 인공 지능 연구 및 인재 양성에 대한 큰 투자가
전 세계적으로 이루어지고 있습니다. 미국 매사추세츠 공과대학에서는
1조 원을 투자하여 인공 지능 대학을 설립하였고, 우리나라에서는
인공 지능 대학원 설립을 위해 정부가 투자를 시작하였습니다.
인공 지능 기술은 이제 다가올 미래의 핵심 기술임이 분명해졌습니다.
《우리 아이 창의력을 키워 주는 똑똑한 인공 지능 백과》는 인공 지능의
역사부터 시작하여 그 원리와 활용도에 대한 내용을 어린이들이
이해하기 쉽고 흥미롭게 읽을 수 있도록 구성되었습니다. 우리가 생활 속에서
볼 수 있는 다양한 인공 지능을 소개하여 인공 지능은 먼 미래가 아닌
이미 현실 속에 존재한다는 것을 보여 주고 있습니다.
또한 곧 다가올 미래에 여러분들이 준비할 수 있도록 4차 산업 혁명에서의
인공 지능의 역할 및 인공 지능의 미래에 대한 내용이 잘 기술되어 있습니다.
어린이들이 이 책을 통해서 인공 지능에 대한 지식을 쌓고
상상력을 발휘하여 앞으로 다가올 인공 지능 시대의
주인공이 될 수 있기를 희망해 봅니다.

연세대학교 컴퓨터과학과 부교수 김선주

머리말

우리가 미래를 상상할 때 인공 지능을 가진 로봇이 우리와 함께 살아가는 모습을 빠트릴 수 없을 거예요. 단순히 사람의 일을 도와주는 로봇이라면 지금도 공장에서 일하고 있는 로봇 팔이나 농사용 로봇 그리고 가깝게는 로봇 청소기도 있어요.

하지만 우리가 꿈꾸는 미래의 로봇은 인공 지능을 가진 똑똑한 로봇이지요. 상상만큼 뛰어난 인공 지능 로봇은 아직 만들어지지 않았지만 인공 지능은 어느새 우리 곁에 성큼 다가와 있어요. 자동으로 집 안 환경을 조절해 주는 스마트 홈, 자동으로 운전해 주는 스마트 카, 인공 지능 스피커, 인공 지능 번역기 등 많은 인공 지능들이 우리의 생활을 편리하게 해 주고 있지요.

앞으로 인공 지능은 더욱 빠른 속도로 발전할 거예요. 언젠가는 사람만큼이나 똑똑해질지도 모르죠. 사람처럼 감정을 가지거나 자유 의지를 가지게 될지도 몰라요. 그때가 되면 우리는 인공 지능과 함께 살아가는 방법에 대해서 배워야 할 거예요. 이 책을 읽으면서 먼저 준비해 보는 건 어떨까요?

《우리 아이 창의력을 키워 주는 똑똑한 인공 지능 백과》에는 인공 지능이란 무엇인가부터 인공 지능과 함께 살아갈 미래를 준비하는 일까지 인공 지능에 관한 모든 것이 담겨 있답니다.

지은이 **김수경**

차례

1 궁금한 인공 지능의 역사

1. 인공 지능이란 무엇이에요? · 12
2. 인공 지능 연구의 시작 · 14
3. 사람 VS 기계, 지능 대결의 승자는? · 18
4. 인공 지능, 어디까지 발전했나요? · 20

2 똑똑한 인공 지능의 원리

1. 인공 지능은 어떻게 스스로 생각해요? · 24
2. 인공 지능은 어떻게 학습해요? · 28
3. 알파고는 어떻게 바둑을 배웠어요? · 32
4. 인공 신경망이 뭐예요? · 34
5. 사람의 뇌를 흉내 낸 인공 지능 · 38
6. 사람보다 인공 지능이 더 잘하는 것은? · 42
7. 인공 지능은 어떻게 사물을 알아봐요? · 46

3 생활 속에 다양한 인공 지능

1. 사람을 닮은 인공 지능 로봇 · 52
2. 마음을 읽는 인공 지능 '사물 인터넷' · 56
3. 인공 지능을 갖춘 스마트 홈 · 60
4. 스스로 움직이는 스마트 카와 드론 · 64
5. 사람과 대화하는 인공 지능 비서 · 66
6. 인공 지능 번역가는 얼마나 똑똑해요? · 70
7. 사람의 병을 치료하는 인공 지능 의사 · 72
8. 인공 지능이 법률 회사에서 일해요? · 74
9. 인공 지능이 재산을 관리해 줘요? · 78
10. 예술 활동을 하는 인공 지능 예술가 · 80
11. 인공 지능이 기사를 쓴다고요'? · 84
12. 연기를 펼치는 인공 지능 배우 · 86

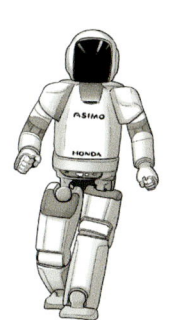

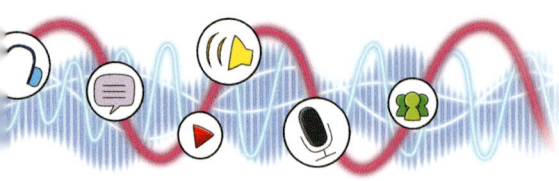

13. 창고를 관리하는 인공 지능 로봇 · 90
14. 인공 지능 편의점은 어떻게 이용해요? · 94
15. 인공 지능 월드컵이 열린다고요? · 98
16. 적을 공격하는 인공 지능 무기 · 100

4 인공 지능과 4차 산업 혁명

1. 4차 산업 혁명이란 무엇이에요? · 106
2. 로봇이 사람의 일자리를 빼앗아 가요? · 110
3. 인공 지능으로 어떤 일들이 편해져요? · 114
4. 인공 지능이 대신할 수 없는 직업은? · 116

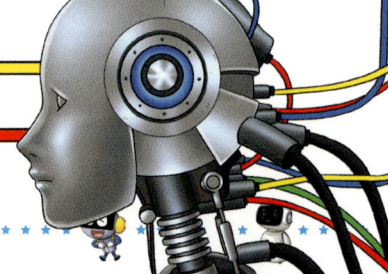

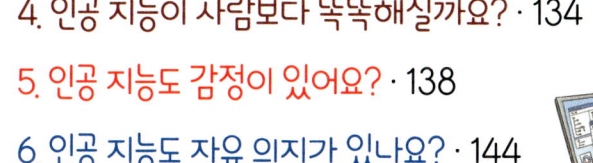

5 놀라운 인공 지능의 미래

1. 인공 지능 테스트는 어떻게 해요? · 122

2. 강한 인공 지능, 약한 인공 지능 · 126

3. 특이점은 무슨 뜻이에요? · 130

4. 인공 지능이 사람보다 똑똑해질까요? · 134

5. 인공 지능도 감정이 있어요? · 138

6. 인공 지능도 자유 의지가 있나요? · 144

7. 인공 지능이 범죄를 일으켜요? · 148

8. 인공 지능의 범죄는 누구 책임이에요? · 152

9. 미래의 인공 지능은 어떤 모습일까요? · 156

10. 뇌를 컴퓨터에 업로드할 수 있어요? · 158

－초등 교과 연계표 · 160

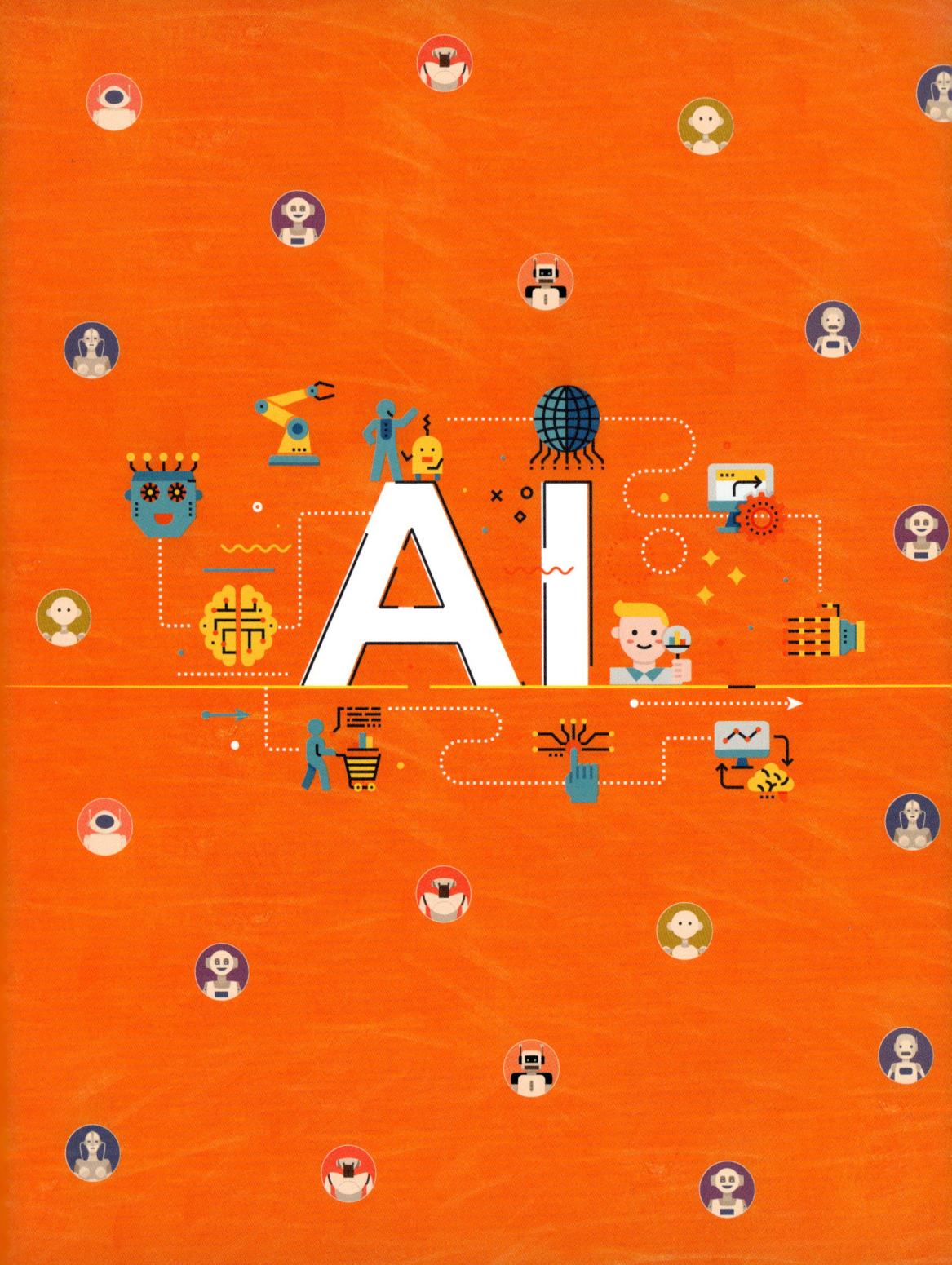

1장
궁금한 인공 지능의 역사

인공 지능이란 무엇이에요?

로봇을 만들면서 사람들은 '배우는 기계'에 관심을 가졌어요. 사람이 조종하는 대로 움직이는 로봇이 첫 단계라면 그다음 단계는 스스로 생각해서 움직이는 로봇이라고 생각했죠.
1948년, 미국의 과학자 윌리엄 그레이 월터는 작은 거북 로봇들을 만들었어요.

배우는 기계 '거북 로봇'

오~ 똑똑한데?

그가 만든 거북 로봇들은 장애물을 만나면 피해 가기도 하고, 배터리가 부족하면 스스로 충전소를 찾아갔어요. 월터는 이 거북 로봇들을 '배우는 기계'라고 불렀어요. 이처럼 스스로 학습하는 기계에 *인공 지능'이란 말을 붙여 준 사람은 '존 매카시'예요. 매카시는 "지능적인 행동을 하는 기계를 만드는 것, 그게 바로 인공 지능 연구이다."라고 말했어요. 사람의 지능이나 학습 능력을 기계로도 충분히 만들어 낼 수 있다고 주장했지요.

*인공 지능 : 사람의 지능이 할 수 있는 학습·추리·사고·판단 등의 기능을 갖춘 컴퓨터 시스템. 쉽게 말해 '생각하는 기계'이다. 영어로 'Artificial(인공) Intelligence(지능)'라고 하며 줄여서 'AI'라고 한다.

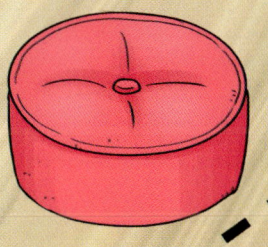

인공 지능 연구의 시작

세계 최초의 컴퓨터 에니악이 만들어졌을 때
사람들은 깜짝 놀랐어요. 복잡하고 어려운 계산도
척척 해내는 에니악을 보며 컴퓨터가 사람보다 더
똑똑해질 때가 곧 온다는 예감이 들었어요.
현재 인공 지능 연구는 뇌 과학·신경 생리학·
생명 공학·컴퓨터 공학·로봇 공학 등
여러 분야의 전문가들이 함께 연구하고 있어요.

그 밑바탕에는 컴퓨터 공학이 놓여 있답니다.
컴퓨터 공학의 연구 분야 중 하나인
인공 지능 기술은 다양한 *IT기술과도
밀접하게 연관되어 있어요.
인공 지능이 태어나고 발전하는 데는
IT기술의 발달 과정이 꼭 필요했답니다.

*IT기술(정보 통신 기술):정보를 주고받는 것은 물론 개발, 저장, 처리, 관리하는 데 필요한 모든 기술.

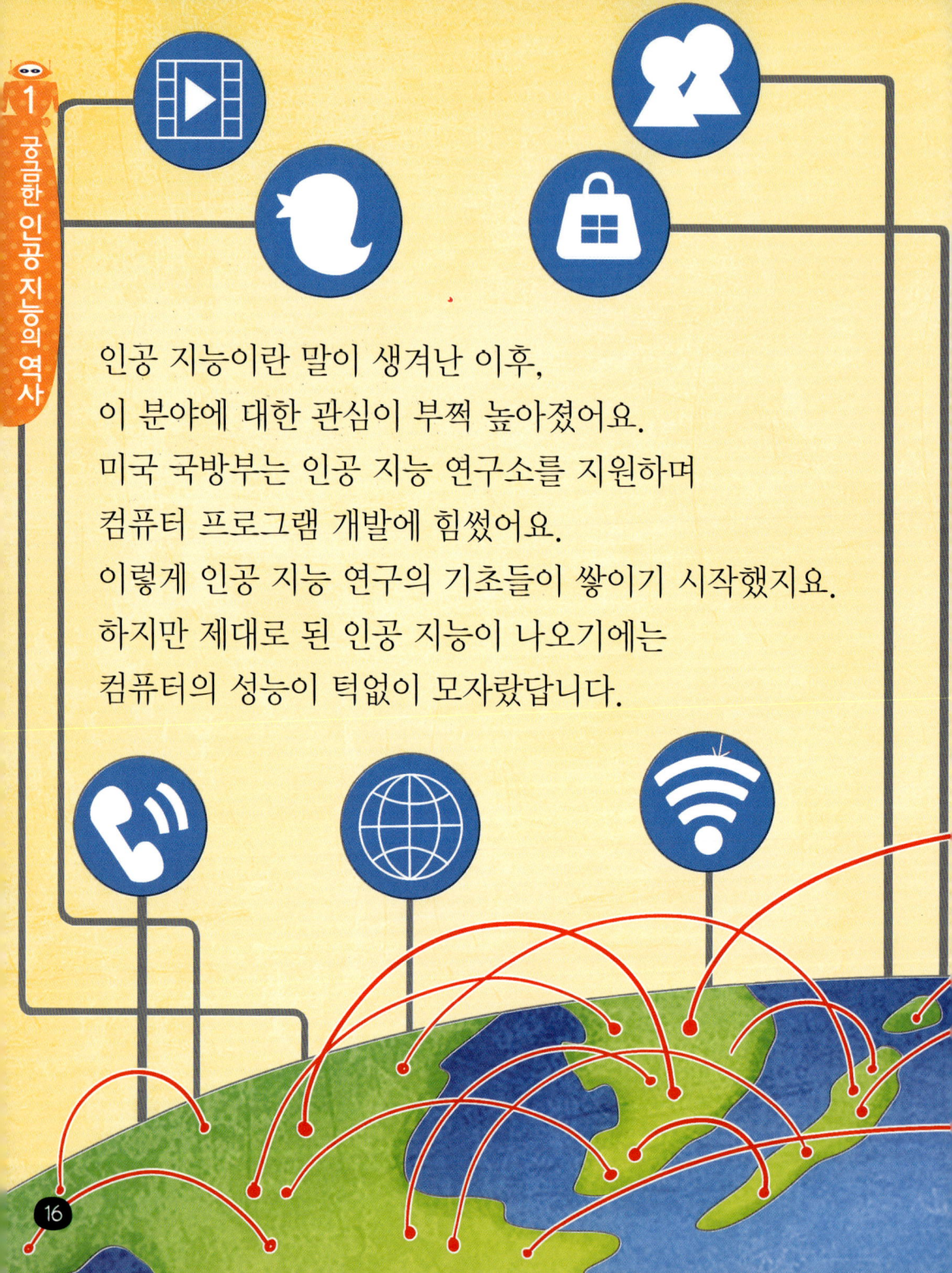

1 궁금한 인공 지능의 역사

인공 지능이란 말이 생겨난 이후,
이 분야에 대한 관심이 부쩍 높아졌어요.
미국 국방부는 인공 지능 연구소를 지원하며
컴퓨터 프로그램 개발에 힘썼어요.
이렇게 인공 지능 연구의 기초들이 쌓이기 시작했지요.
하지만 제대로 된 인공 지능이 나오기에는
컴퓨터의 성능이 턱없이 모자랐답니다.

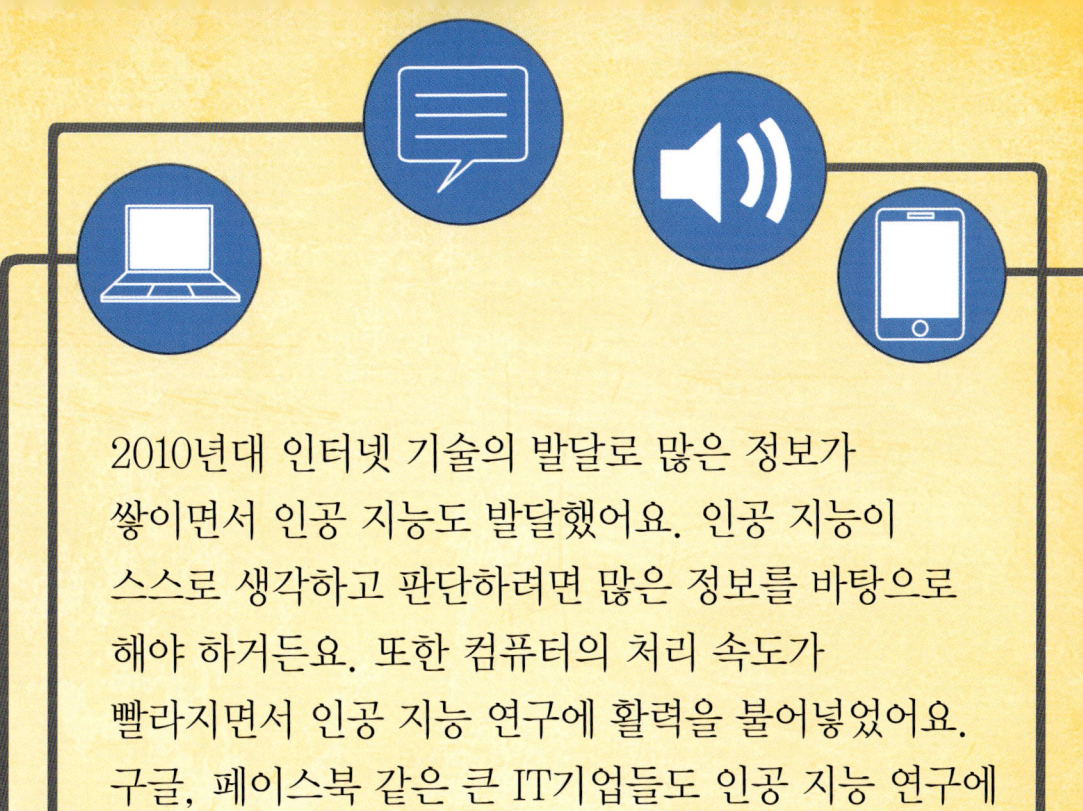

2010년대 인터넷 기술의 발달로 많은 정보가 쌓이면서 인공 지능도 발달했어요. 인공 지능이 스스로 생각하고 판단하려면 많은 정보를 바탕으로 해야 하거든요. 또한 컴퓨터의 처리 속도가 빨라지면서 인공 지능 연구에 활력을 불어넣었어요. 구글, 페이스북 같은 큰 IT기업들도 인공 지능 연구에 뛰어들었지요. 여러 분야의 발전과 연구자들의 노력이 쌓이면서 인공 지능 기술은 꽃피웠어요.

사람 VS 기계, 지능 대결의 승자는?

사람과 기계의 지능 대결이 펼쳐진 순간들이 있었어요.
1997년, 사람과 컴퓨터의 체스 대결이 벌어졌답니다.
세계 체스 챔피언인 가리 카스파로프와 컴퓨터 프로그램
딥 블루가 여섯 차례 경기를 치렀는데요.
마지막 경기에서 딥 블루가 카스파로프를 이겼어요.
카스파로프는 딥 블루 프로그램을 만든 IBM을 상대로
소송을 걸었지만 속임수는 없었답니다.
카스파로프는 믿지 못했지만 인공 지능은
그렇게 발전했던 거예요.

퀴즈 쇼에서 사람에게 승리한 IBM의 컴퓨터 프로그램 왓슨도 있어요. 백과사전 전체 내용을 담고 있는 왓슨은 2011년, TV 퀴즈 쇼에 출연해 사람들과 경쟁했어요. 왓슨의 승리 비결은 똑똑함과 사람보다 벨을 빨리 누르는 점이었지요.
사람이 벨을 누를지 말지 고민할 때 왓슨은 이미 벨을 누르고 있었던 거죠.
또 2016년, 우리나라에서 열린 바둑 대결에서 인공 지능 알파고는 바둑 챔피언 이세돌과의 다섯 판 경기 가운데 네 판을 이겼답니다.

인공 지능, 어디까지 발전했나요?

인공 지능 기술은 우리 삶에 깊숙이 들어와 있어요.
스마트폰에서 '시리'를 불러 햄버거 가게를 찾아 달라고 하면 대답해 주죠. 인공 지능 캐릭터와 게임을 즐기기도 해요. 인공 지능 스피커는 듣고 싶어 하는 음악을 틀어 줘요.

인공 지능 스피커 '누구'

또 외국어를 모를 땐 스마트폰 속의 번역기가 번역해 주고 그 말을 소리 내어 들려주기까지 해요.
청소 로봇은 장애물을 잘 피해 다니며 청소하고, 배터리가 부족하면 스스로 가서 충전해요.
아직 보긴 힘들지만 자율 주행 자동차도 완성됐어요.
아마존 회사에서는 택배를 보낼 물건 분류를 인공 지능 로봇이 하고 있지요.

이처럼 곳곳에서 인공 지능이 널리 쓰이고 있답니다. 아직까지는 사람만큼 똑똑한 인공 지능이 나왔다고는 말할 수 없어요. 전문가들은 사람만큼 똑똑한 인공 지능은 2030년 무렵에 나올 거래요. 그때쯤 사람을 닮은 인공 지능 로봇과 함께 살아갈 수도 있겠죠.

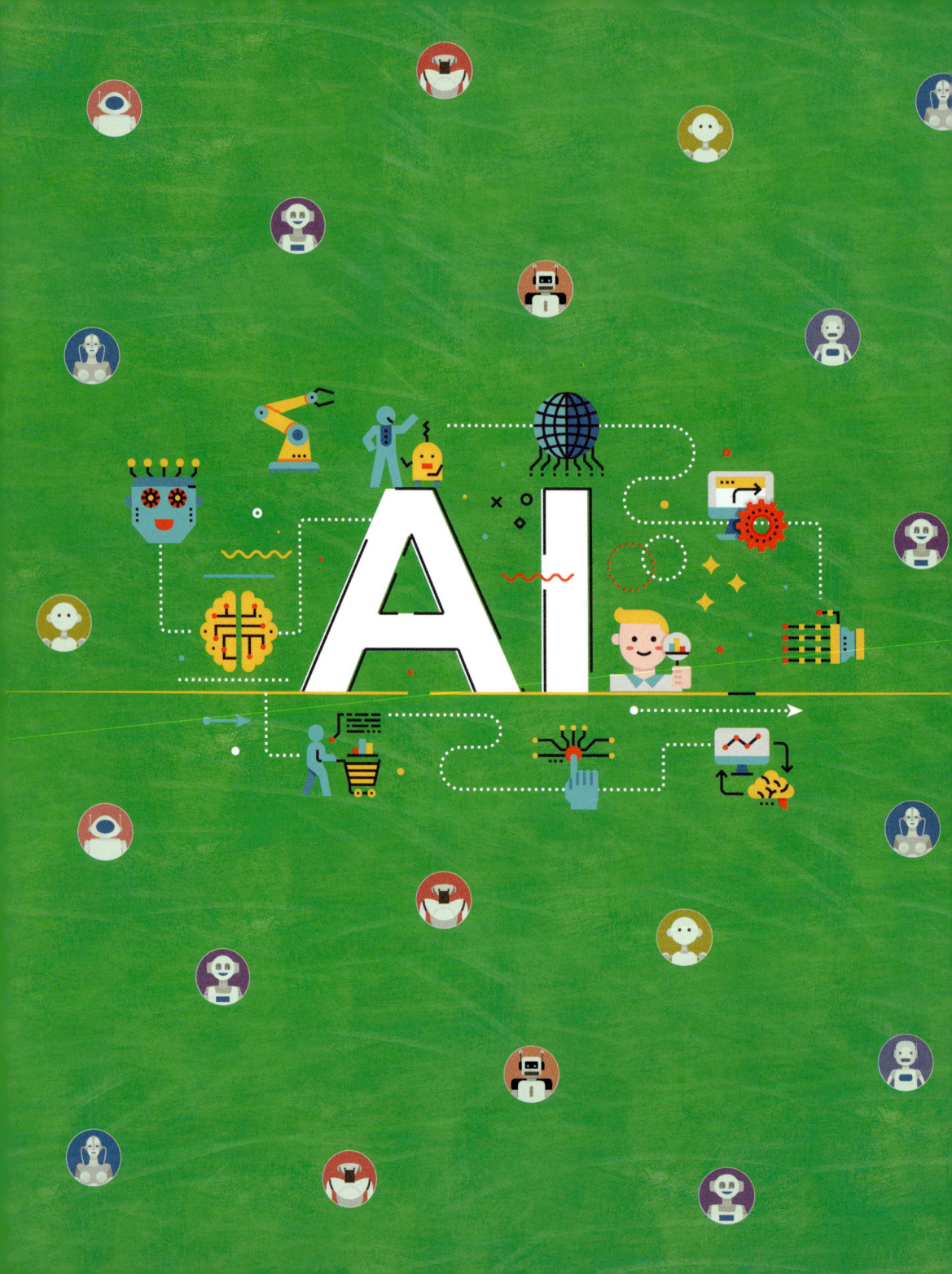

2장 똑똑한 인공 지능의 원리

똑똑한 인공 지능의 원리

2 인공 지능은 어떻게 스스로 생각해요?

스스로 생각하는 인공 지능의 바탕은 컴퓨터 프로그램이에요. 컴퓨터 프로그램은 '알고리즘'을 바탕으로 작동해요. 알고리즘은 컴퓨터 프로그램에서 필요한 *명령어들을 순서대로 이어 놓은 것이랍니다. 이 명령의 흐름을 나타낸 그림을 '순서도'라고 해요. 그런데 사람이 입력한 명령어를 컴퓨터는 어떻게 이해하는 걸까요? 사람이 컴퓨터가 알아들을 수 있는 명령어로 입력하기 때문이에요. 이처럼 컴퓨터에게 내리는 명령을 프로그램 언어로 바꾸어서 입력하는 과정을 '코딩'이라고 해요. 컴퓨터는 켜다와 끄다, 두 가지로 작동하는 전자 기기예요. 이 '켜다'와 '끄다'를 0과 1이라는 수로 만든 언어가 프로그램 언어랍니다.

TIP
숫자 0과 1만 사용하는 '2진법'
우리가 사용하는 숫자 표기법은 10진법이다. 0부터 9까지 10개의 숫자를 사용한다. 하지만 컴퓨터는 0과 1, 이렇게 2개의 숫자만 사용하는데 이를 '2진법'이라고 한다. 컴퓨터는 모든 데이터를 0과 1로 인식해 저장한다.

*명령어: 컴퓨터에 연산이나 일정한 동작을 명령하는 프로그램 언어.

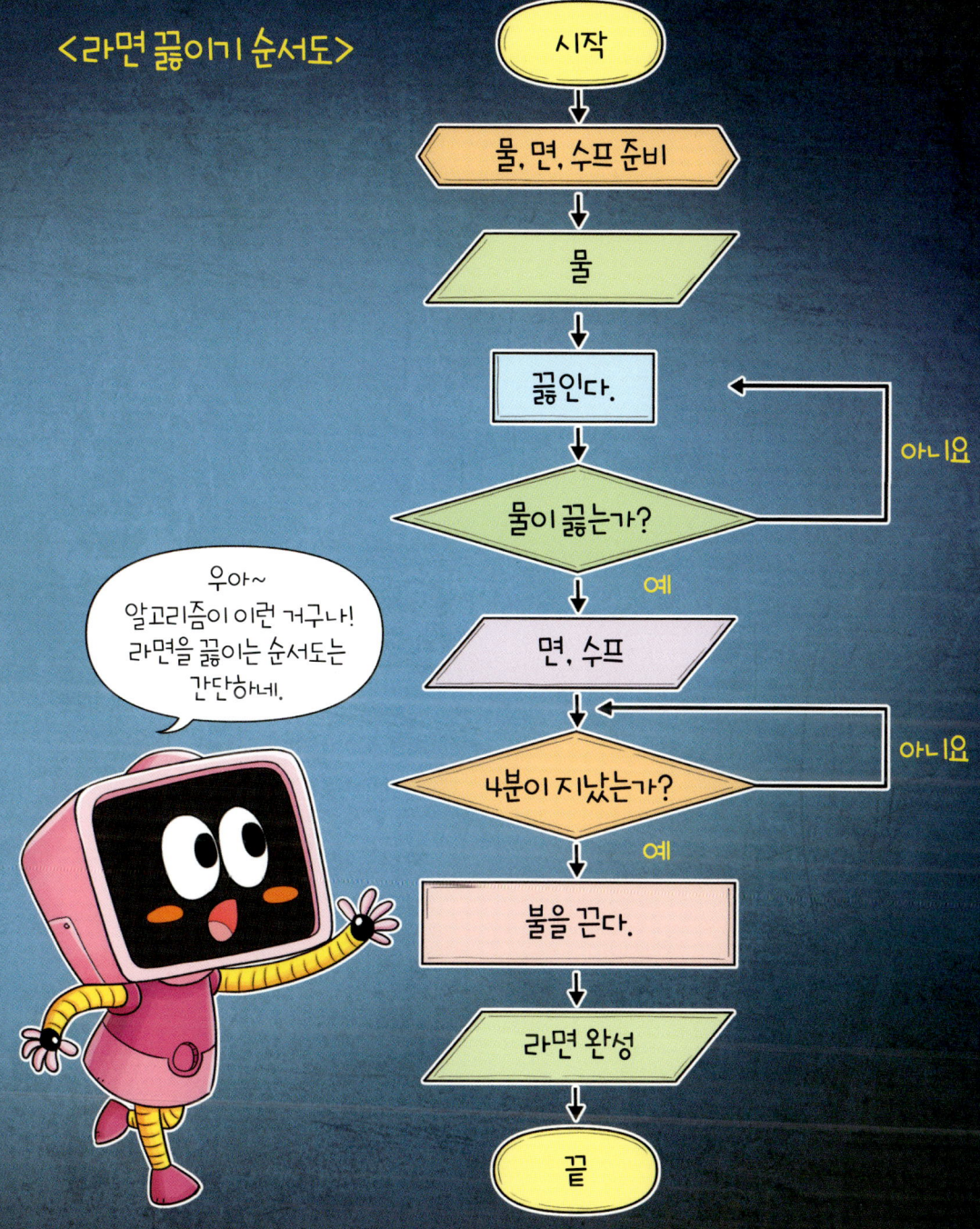

컴퓨터 프로그램은 어떻게 만들어질까요?
먼저 만들려는 프로그램을 설계하고 명령을
*프로그래밍한 뒤, 그다음 생기는 오류를 고치면
프로그램이 만들어져요. 요즘에는 프로그램 만드는 전체
과정을 '코딩'이라고 부르기도 해요.
애플을 창립한 스티브 잡스는 "모든 사람이
코딩을 배워야 한다."라고 말했어요.
많은 일이 컴퓨터로 이루어지므로 사람도 컴퓨터가
생각하는 방법을 알아야 한다는 뜻이지요.

'많은 정보'라는 뜻을 가진 '빅 데이터'는 인공 지능에서
매우 중요해요. 인공 지능이 제대로 생각하고
판단하려면 많은 정보를 바탕으로 해야 하거든요.

*프로그래밍:
컴퓨터 프로그램을
작성하는 일.

1차 프로그램 설계

정보가 많을수록 더 알맞은 답을 찾아내는 거죠.
인터넷이 생겨나면서 엄청난 양의 정보가 쌓이며
인공 지능도 발달했어요.
인공 지능은 이 정보의 바다에서 필요한 정보를
수집하고 분석해 알맞은 답을 찾아낸답니다.

*디버깅: 만든 프로그램들이 정확한가를 조사하는 과정.

인공 지능은 어떻게 학습해요?

인공 지능을 연구하던 학자들은 사람의 학습 능력이 중요하다는 사실을 깨달았어요.
지능을 가진 컴퓨터를 만들려면 컴퓨터도 사람처럼 스스로 배우도록 만들어야 한다는 걸 알게 되었지요.
바로 이렇게 컴퓨터가 스스로 배워 나가는 것을 '기계 학습'이라고 해요.
1980년대에 활발하던 인공 지능 연구는 기계 학습 방법을 찾지 못해 시들해졌어요.

2010년대에 들어서 인공 지능 학자들은
훌륭한 기계 학습 방법을 알아냈어요.
이와 함께 컴퓨터의 몸을 이루는 하드웨어가 발달해
아주 작은 칩에도 엄청난 양의 메모리를 넣을 수 있게
되었고, 컴퓨터의 처리 속도도 매우 빨라졌답니다.
또 디지털 센서가 만들어지고 음성과 영상 분석 기술도
발달했어요. 그리고 인터넷이 발달하면서
수많은 정보도 생겼지요.

2 똑똑한 인공 지능의 원리

학습할 수 있는 환경이 만들어지면서 인공 지능은 수많은 정보를 가지고 스스로 배워 나갔어요. 빅 데이터를 바탕으로 한 기계 학습이 가능해진 거예요. 요즘 인터넷에서 검색하려고 단어를 입력하면 최근 검색 단어나 비슷한 단어들이 따라 나오지요? 이게 바로 기계 학습의 결과예요. 인터넷 검색창이 스스로 학습해서 알려 주는 거랍니다.

우아~ 인터넷 검색창에 인공 지능 단어를 입력했더니 이렇게나 많이 비슷한 단어들이 따라 나오네!

스스로 학습하는 '기계 학습'

컴퓨터에 미리 저장된 정보와 새로 받아들인 정보를 비교해 스스로 답을 찾는 인공 지능 기술.

미리 저장된 여러 과일 정보
⋯▶ 컴퓨터가 학습함

새로 받아들인 과일 정보
⋯▶ 컴퓨터가 기존 정보와 비교하여 사과로 인식

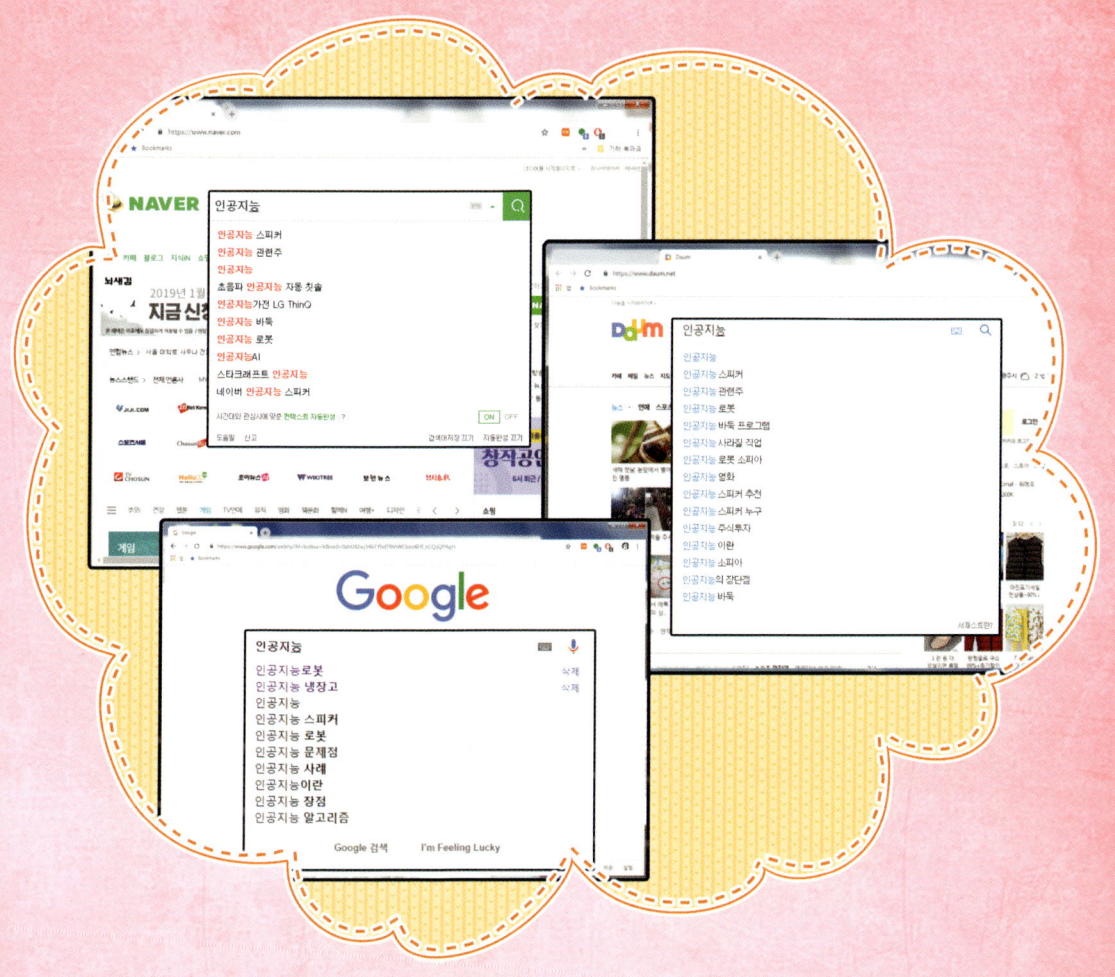

사람 얼굴을 알아보는 로봇의 '안면 인식 기술'도
기계 학습이에요. 로봇에게 어떤 사람 사진을
많이 보여 줘서 공통점을 찾아 그 사람 얼굴을
알아보게 하는 거예요. 로봇이 그 사람을 자주 만난다면
더욱 잘 알아보겠죠? 사람이 그렇듯이 말이에요.

알파고는 어떻게 바둑을 배웠어요?

딥 러닝을 활용한 **안면 인식 기술**

인공 지능 알파고가 바둑 시합에서 바둑 챔피언 이세돌을 이기면서부터 '딥 러닝'이라는 말이 세상에 널리 알려졌어요. 알파고가 바로 딥 러닝으로 바둑을 배웠기 때문이지요. '깊게 배운다.'라는 뜻의 딥 러닝은 기계 학습의 한 부분이에요. 사람의 뇌가 학습하는 과정을 흉내 내도록 딥 러닝 컴퓨터에는 사람 뇌의 신경망을 본떠 인공 신경망을 만들어 주었어요.

딥 러닝은 인공 신경망을 이용해 정보의 특징을
스스로 학습하고 분석해 가장 알맞은 답을 찾는 거예요.
사람이 미리 고양이가 뭔지 가르쳐 주지 않아도
컴퓨터는 많은 정보를 본 다음에 스스로
생각해 내요. 그럼 다음에 고양이 사진을 보면
그게 고양이라고 말할 수 있게 되지요.
딥 러닝은 컴퓨터가 사람 목소리를 알아듣는
음성 인식 기술과 사람 얼굴을 알아보는
안면 인식 기술에서 뛰어난 성과를 가져왔어요.

인공 신경망이 뭐예요?

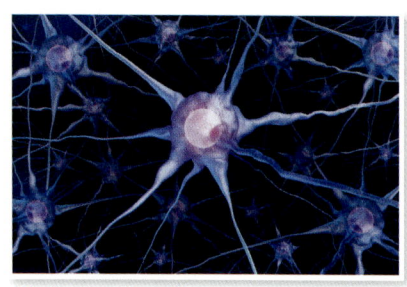
신경 세포 '뉴런'

사람의 뇌는 어떻게 생각하고 판단할까요? 뇌는 수많은 신경의 망으로 이루어져 있어요. 우리 몸의 감각 기관에서 받아들인 정보(자극)들은 신경을 통해 뇌로 전달돼요. 또 뇌에서 내린 판단이나 명령도 신경을 통해서 몸의 각 부분으로 전달되지요.

이러한 신경의 기본 단위를 '뉴런'이라고 해요. 사람의 뇌는 약 1000억 개의 뉴런들로 구성돼 있답니다. 이 뉴런들이 망을 이루어 서로 전기·화학적인 신호를 주고받아요. 그 신호들이 우리의 생각과 기억, 판단을 이루지요.

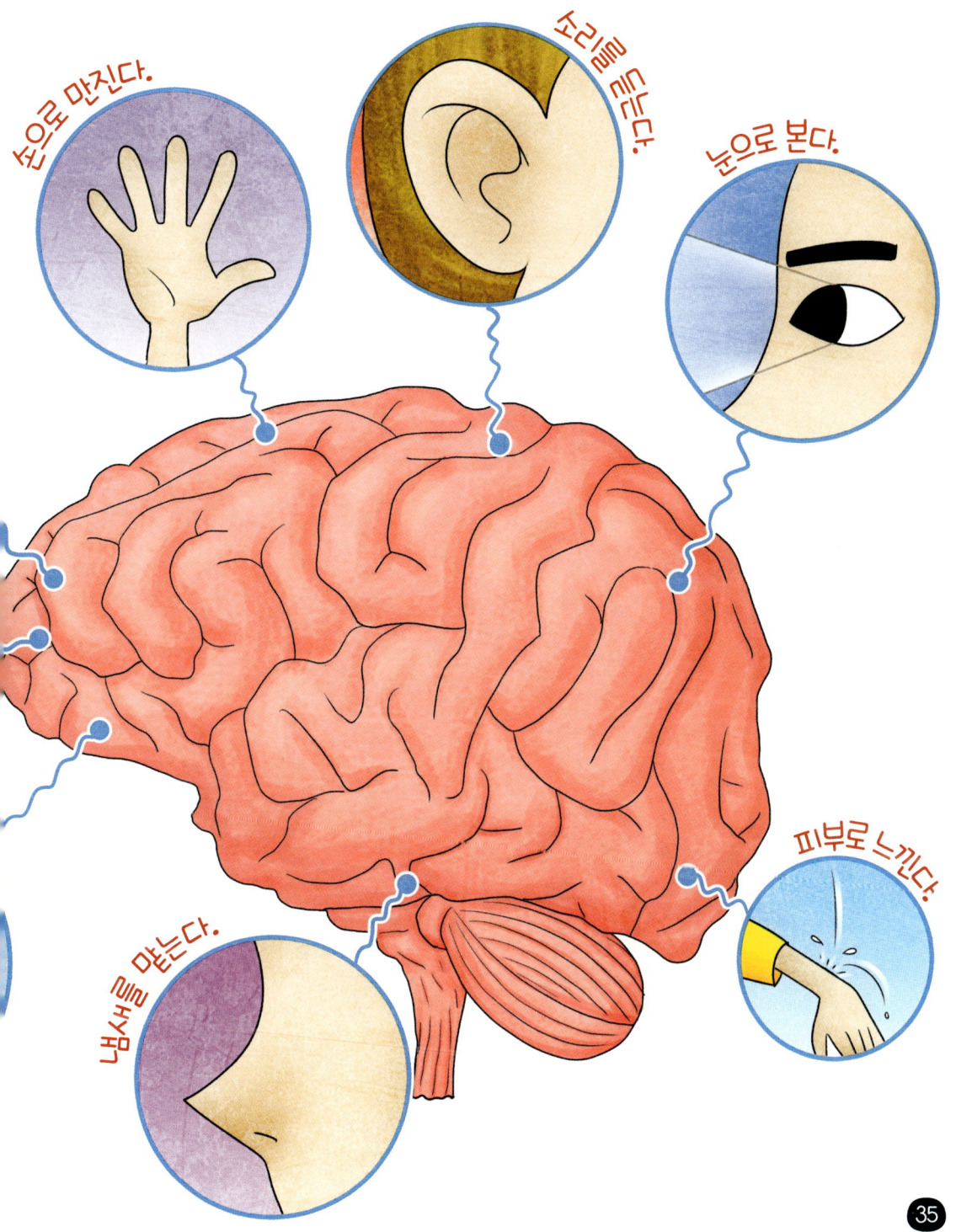

인공 지능 학자들은 컴퓨터에 인공 신경망을 만들어 주었어요. 사람 뇌의 신경망이 뉴런들의 전기 신호로 정보를 주고받는 것을 본떠 인공 신경망도 전기 신호로 정보를 주고받게 했어요.
이를테면 고양이를 알아보도록 학습하게 할 때 고양이가 있는 사진과 없는 사진을 보여 줘요. 고양이가 있는 사진에서는 인공 신경망에 불이 켜지고, 없는 사진에서는 불이 꺼지도록 해요.
연습을 통해 한번 고양이를 알아본 인공 지능은 고양이가 있는 사진을 볼 때마다 불을 켜요.

특히 딥 러닝 기술을 사용한 인공 지능에서는
사람 뇌를 흉내 내어 인공 신경망을 여러 층 겹겹이
쌓아 구성했어요.
고양이가 무엇인지 알아내기 위해서 신경망
아래층에서는 간단한 특징을 찾아내고, 위층에선
좀 더 복잡한 특징들을 추려 내요.
이렇게 수많은 층을 거치면서 인공 지능 스스로
사물의 구체적인 특징을 찾아낸답니다.

사람의 뇌를 흉내 낸 인공 지능

2 똑똑한 인공 지능의 원리

1990년대까지만 해도 인공 지능 학자들은 지금과는 다른 방법으로 인공 지능을 연구했어요. 논리적인 *알고리즘을 짜서 컴퓨터를 *프로그래머의 뜻대로 작동시키려고만 했지요. 더 많은 데이터를 집어넣어 주고 알고리즘을 완벽하게 짜 넣어야 한다고 생각했답니다.

그런데 뇌 과학이 발달하면서 학습과 훈련을 통해 뉴런을 발달시킬 수 있다는 사실을 알게 됐어요. 인공 지능 학자들도 사람의 뇌가 작동하는 방법을 흉내 내는 컴퓨터를 만들고 프로그래밍했어요.

더 이상 발전하지 않았던 인공 지능은 그다음부터 스스로 학습하고 배워 나가 똑똑해지기 시작했답니다.

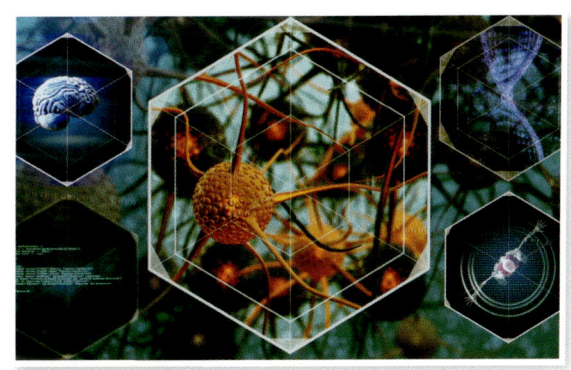

뇌와 신경 세포
뇌는 신경 세포가 복잡하게 이어져 망을 이룬다.
인공 신경망은 사람의 뇌를 흉내 내어 만들어졌다.

*알고리즘: 문제를 풀기 위한 순서나 방법.
*프로그래머: 프로그램을 작성하거나 기획하는 사람.

2 똑똑한 인공 지능의 원리

인공 지능 학자들은 그제야 깨달았어요. 사람의 뇌가 발달하고 배워 나가는 방식이 인공 지능에 있어서도 똑같이 중요하다는 사실을 말이죠. 그렇다고 논리적인 알고리즘 방법이 전혀 쓸모없다는 건 아니에요.

용의 특징
돼지코, 사슴뿔, 닭다리
긴허리, 비늘……
하늘을 난다.

여전히 기계 학습보다는 추론을 통한
알고리즘이 필요할 때가 있어요.
고양이를 알아보게 하려면 인공 지능에게
수많은 고양이 사진을 보여 주면 돼요.
하지만 미리 보여 줄 수 있는 정보가
없는 경우도 있어요.
용이 무엇인지 알게 하고 싶은데
보여 줄 사진이 없다면요?
이때는 용에 대한 특징을 논리적으로
알려 줘야 한답니다.

사람보다 인공 지능이 더 잘하는 것은?

힘든 일을 대신 시키려면 단순한 로봇만으로도 충분해요. 자동차 공장에서는 로봇 팔이 훌륭한 역할을 하고 있어요. 청소 로봇은 열심히 집 안을 돌아다니며 청소해요. 그런데 왜 인공 지능이 필요할까요? 생각하는 일은 사람이 하고, 컴퓨터와 로봇은 사람이 시키는 일만 하면 되지 않을까요? 인공 지능이 사람보다 더 잘할 수 있는 일들이 있기 때문이에요.

청소 로봇

단순히 물건을 박스에 담는 일이라면 자동화된 기계만으로도 충분해요. 하지만 어떤 물건인지 알아보고, 크기나 무게에 따라 분류하고, 부서지기 쉬운지를 판단해서 포장하려면 기계에 인공 지능이 결합되어야 해요. 사람도 충분히 잘해 낼 수 있지만 무거운 물건을 들어 나르는 일은 힘들지요. 또 일하다가 다른 생각을 할 수도 있고, 정확히 보지 못할 수도 있어요. 인공 지능 로봇이라면 이런 오류를 저지르지 않아요.

우주 탐사 로봇

우주 탐사 로봇을 생각해 봐요. 우주는 미지의 세계라 사람이 낯선 우주 환경에서 활동하려면 많은 제약이 따라요. 공기가 없을 수도 있고, 날씨가 몹시 뜨겁거나 추울 수 있어요. 또한 우주의 처음 보는 물질의 성분을 한눈에 알아보거나 생물체를 찾아내기도 힘들어요. 그래서 우주 탐사에는 로봇이 쓰인답니다. 인공 지능 로봇은 목표에 맞게 일할 수 있고, 새로운 환경에서 스스로 생각해 움직일 수 있어요.

아무리 똑똑한 사람이라도 세상 모든 정보를 다 알 수는 없어요.

빅 데이터와 연결된 컴퓨터라면 사람보다 더 많은
정보를 가질 수 있어요. 인공 지능 컴퓨터라면
이 빅 데이터를 활용해 정확하게 판단할 수도 있지요.
사람의 병을 진단할 때 인공 지능을 이용하는
이유가 여기에 있답니다.
더욱이 인공 지능은 감정이 없기 때문에
감정에 치우쳐 착각하는 일도 일어나지 않아요.

인공 지능은 어떻게 사물을 알아봐요?

인공 지능과 함께 발달해 온 기술들이 있어요.
사람의 눈처럼 사물을 알아보는 '시각 인식 기술'과
사람의 말을 알아듣는 '음성 인식 기술'이에요.
인공 지능의 눈은 '컴퓨터 비전'이에요.
컴퓨터 비전은 컴퓨터가 시각 이미지를 알아보는
기술을 말해요. 인공 신경망이 사물의 패턴을 알아내
이미지를 인식하는 거예요.

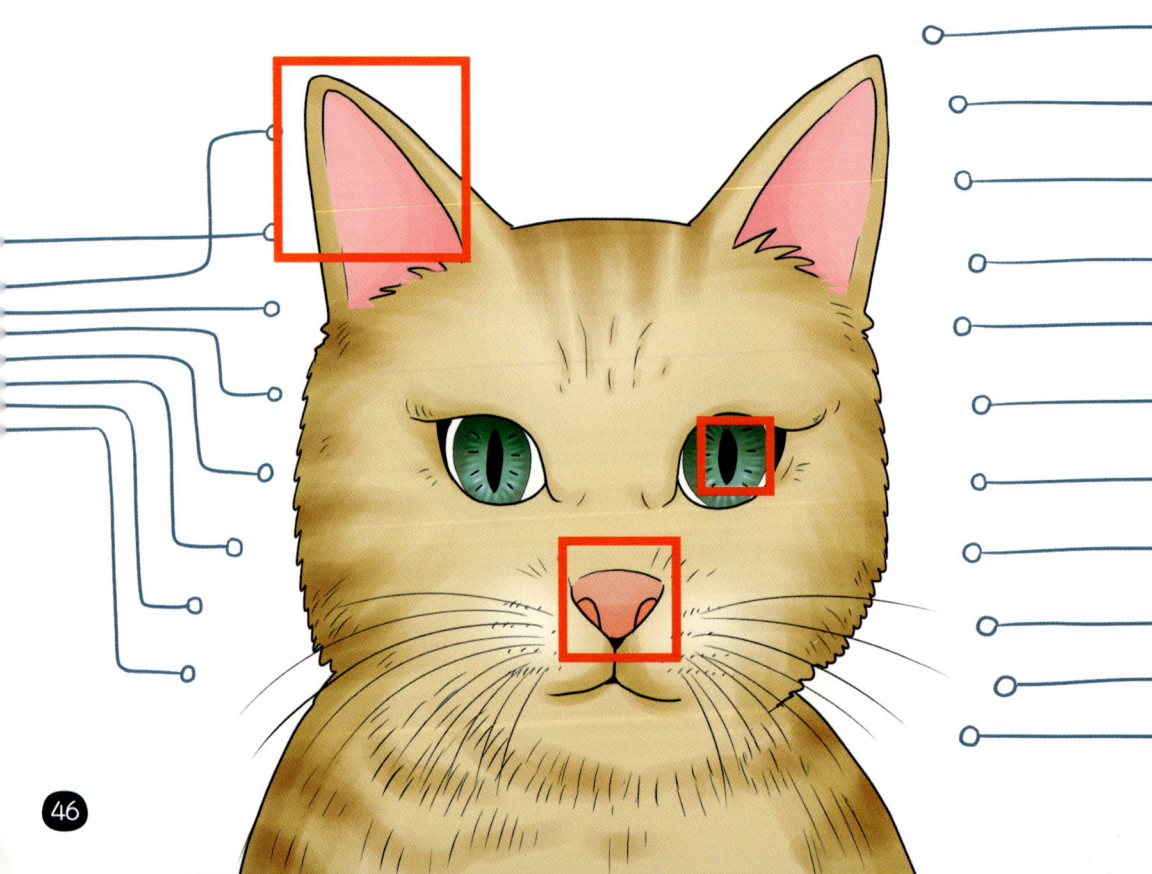

사람은 눈을 통해서 들어온 이미지가 뇌를 통과해야만 이게 고양이구나, 이게 꽃이구나, 하고 알아볼 수 있어요. 인공 지능도 마찬가지예요. 컴퓨터의 카메라로 찍은 이미지가 무엇인지 알아보려면 인공 지능이 필요한 거예요.

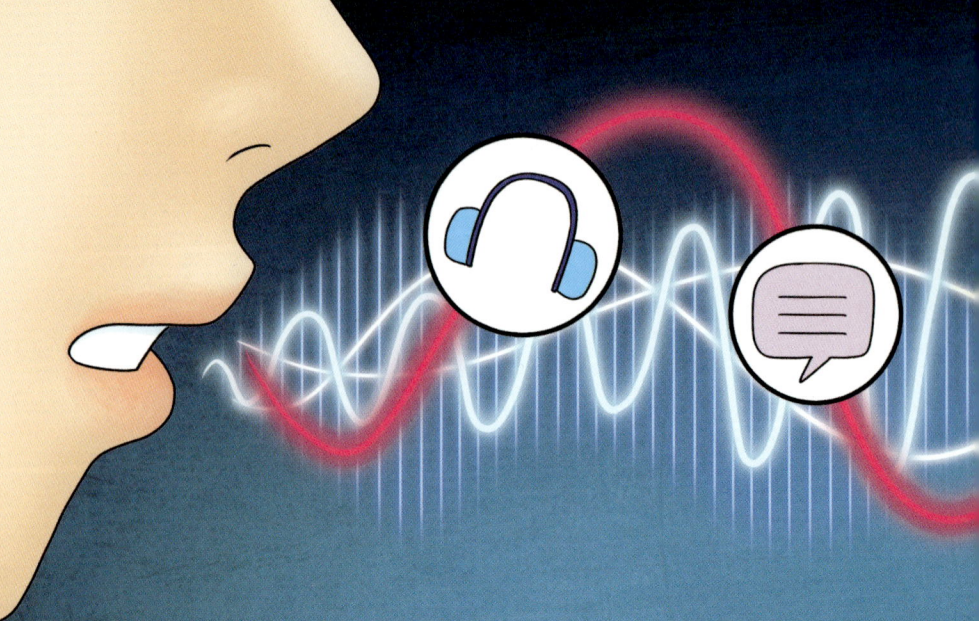

컴퓨터 비전은 사람의 눈보다 뛰어난 능력이 있어요. 사진처럼 평평한 평면에 찍힌 이미지를 입체 이미지로 바꿔 볼 수 있어요. 또 앞에서 사물의 뒷모습을 볼 수 있고, 안쪽의 모습까지도 볼 수 있어요. 땅속에 들어 있는 석유, 사람 몸속의 내장 기관처럼 겉에서는 볼 수 없는 것들까지 꿰뚫어 볼 수 있지요.

이처럼 시각 인식 기술과 더불어 음성 인식 기술도 발달했어요.

컴퓨터가 글을 이해하려면 글자를 컴퓨터 언어로
바꿔 주면 돼요. 그런데 목소리를 듣고서
누구 목소리인지, 무슨 말을 하고 있는지 알려면
인공 지능이 있어야만 했지요. 인공 지능 컴퓨터는
수많은 목소리와 말을 듣고 학습해 마침내
음성 인식을 해냈어요.
요즘 스마트폰에 쓰이는
음성 인식에 모두
인공 지능 기술이
있답니다.

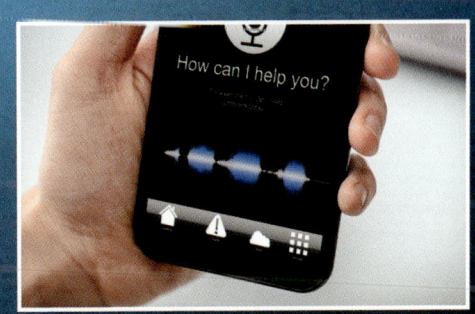

스마트폰 음성 인식 기술

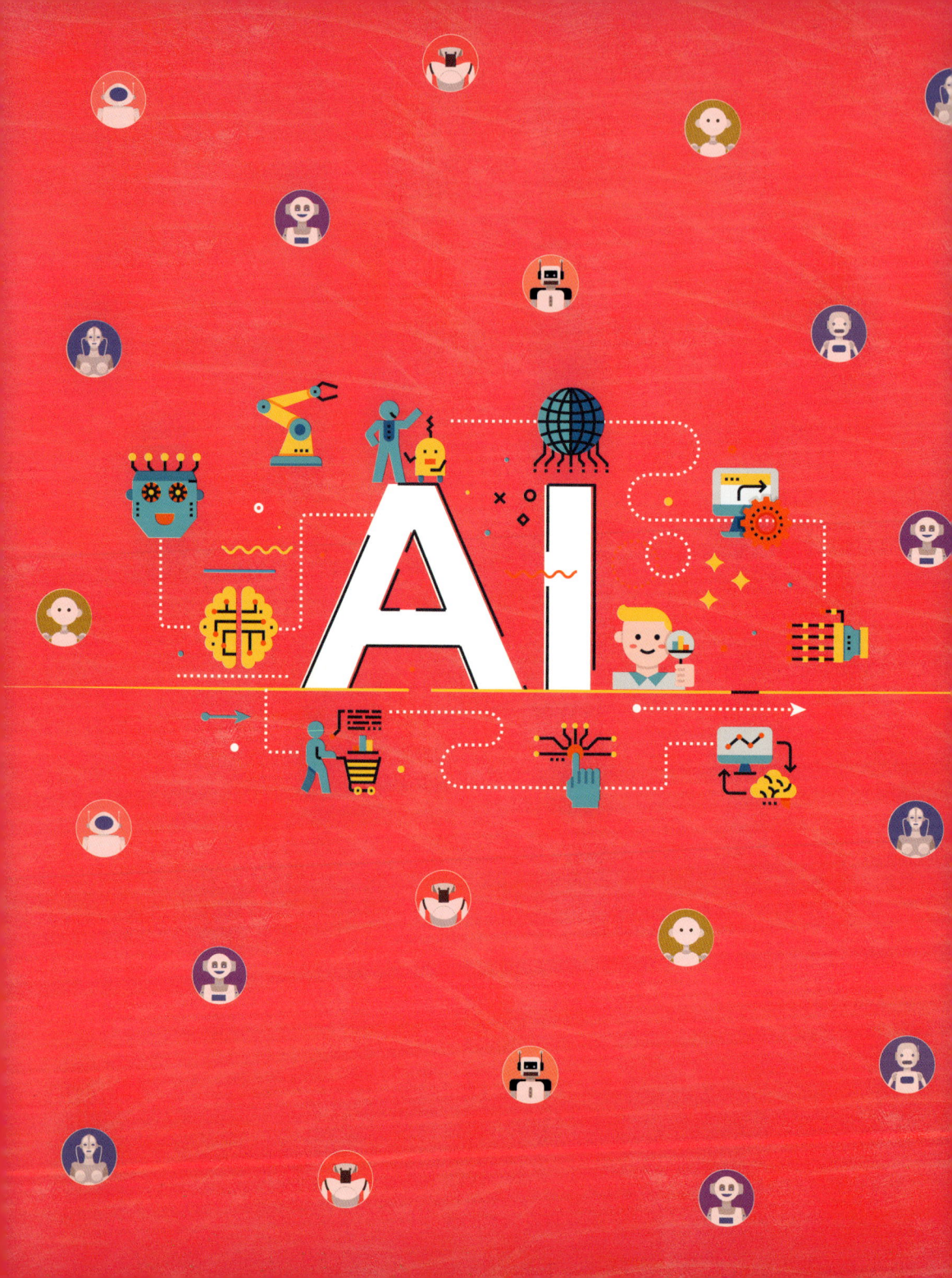

사람을 닮은 인공 지능 로봇

로봇은 사람의 모습과 신체를 닮은 자동 기계이고, 인공 지능은 사람의 뇌와 같이 스스로 생각하고 학습하는 컴퓨터 프로그램이에요. 하지만 둘이 딱 나뉘는 건 아니에요. 로봇에 인공 지능을 넣은 인공 지능 로봇이 있으니까요. 이때 인공 지능은 바로 로봇의 뇌 역할을 하는 거죠.

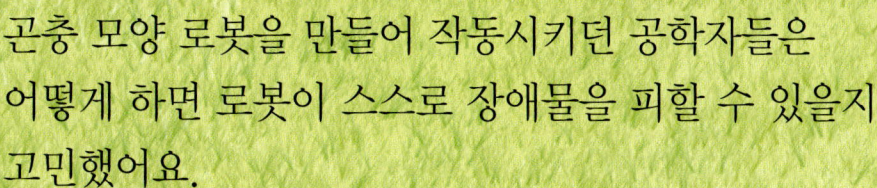

처음에 인공 지능을 연구한
사람들은 로봇 공학자였어요.
로봇을 더욱 똑똑하게 만들려는
생각에서 시작된 거예요.
곤충 모양 로봇을 만들어 작동시키던 공학자들은
어떻게 하면 로봇이 스스로 장애물을 피할 수 있을지
고민했어요.
그래서 로봇에 센서를 달아 주고 장애물을 만나면
피해 가도록 프로그래밍했어요. 그러자 로봇이
조금씩 배워 가더니 점점 똑똑해졌어요.

3 생활 속에 다양한 인공 지능

인공 지능 애완 로봇 '아이보'

사람을 닮은 휴머노이드 로봇을 만들던 공학자들도 고민했어요.

우리나라 대표적인
휴머노이드 로봇 '휴보'
제공:KAIST 휴머노이드 로봇 연구 센터

'어떻게 하면 로봇이 사람 말을 알아듣고, 사람과 자연스럽게 대화할 수 있을까?' 공학자들은 휴머노이드 로봇에 인공 지능을 결합했어요. 그래서 내 얼굴을 알아보고, 내 목소리를 알아듣고, 내 이름을 부르면서 인사하고 대화하는 로봇을 만들고 있지요.

1999년에 처음 만들어진 로봇 강아지 아이보는 2018년에 인공 지능을 가진 로봇 강아지로 새로 태어났어요. 똑똑해진 아이보는 주인의 얼굴을 알아보고, 목소리도 알아들어 더 친근하게 대하지요. 사진을 찍어 달라고 하면 눈에 달린 카메라로 사진도 찍어 준답니다. 이와 같은 인공 지능 로봇을 만나면 우리는 로봇을 친구처럼 느낄 수 있어요.

마음을 읽는 인공 지능 '사물 인터넷'

'사물 인터넷'은 인터넷을 통해 사람과 사물 또는 사물과 사물이 알아서 정보를 주고받는 인공 지능 기술이에요. 1999년 매사추세츠 공과대학의 연구 소장 캐빈 애시턴이 만든 말이에요.

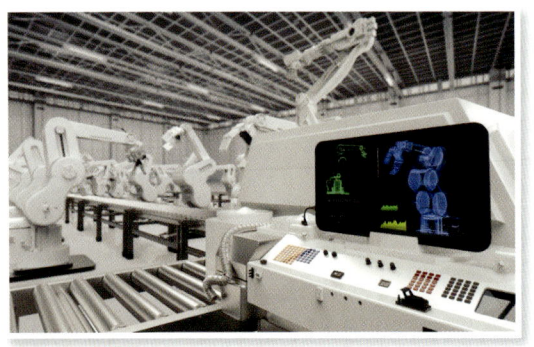

스마트 공장
모든 설비 기계들이 인터넷으로 연결되어 있다.

"앞으로는 생활에서 인터넷이 우리와 함께할 겁니다. 주변 사물들에 인터넷이 연결되어 언제든지 우리에게 필요한 정보를 전해 줄 겁니다."

TIP 사물 인터넷 시대

이전에는 인터넷에 연결된 기기들이 정보를 주고받으려면 사람이 직접 명령을 내려야 했다. 하지만 사물 인터넷 시대, 인터넷에 연결된 기기는 사람의 도움 없이 서로 알아서 정보를 주고받으며 스스로 작동할 수 있다.
블루투스, 와이파이, 무선 통신이 가능한 각종 센서 등이 사물과의 소통을 돕는 기술이 된다.

애시턴의 말처럼 사물 인터넷은
이제 우리 생활 속으로 쏙쏙
들어오고 있답니다.
사물 인터넷은 컴퓨터나 휴대 전화로 사용하던
인터넷보다 한 단계 진화했어요.
인터넷에 연결된 기기가 사람이 시키지 않아도
알아서 정보를 주고받아 작동하지요.

3. 생활 속에 다양한 인공 지능

쇼핑 매장을 걷다 보면 광고판에 내가 좋아하는 제품, 꼭 필요한 제품이 광고에 떠요. 그리고 스스로 움직이는 자율 주행 카트는 제품이 있는 위치로 나를 안내하고, 쇼핑이 끝나면 자동으로 복귀해요. 마치 사물들이 내 마음을 읽는 것만 같아요. 사실은 인공 지능이 인터넷에 기록된 정보로 나에게 필요한 정보를 주는 거예요. 그동안 내가 인터넷으로 검색한 것들, 자주 이용하던 제품들을 기억해 둔 거죠.

신기한 사물 인터넷은 센서 기술을 통해 이루어져요.
광고판과 자율 주행 카트에는 센서가 들어 있어요.
그 센서가 지금 내 손에 들고 있는 스마트폰을
감지해요. 그다음 인터넷에 연결하고 인공 지능을 통해
작동하지요.
사물 인터넷은 대부분 개인 정보를 바탕으로 작동해서
해킹과 정보 유출을 막는 기술이 필요하답니다.

3 생활 속에 다양한 인공 지능

인공 지능을 갖춘 스마트 홈

사물 인터넷 기술이 제일 먼저 쓰이고 있는 곳은 어디일까요? 바로 우리 집이에요.
길거리의 사물들이 내 마음을 알아주지 않더라도 내 집의 사물들이 내 마음을 이해해 스스로 척척 작동하면 정말 편할 거예요.

인공 지능을 갖춘 '스마트 홈'을 들어봤나요?

어서 오세요.

스마트 키를 가지고 엘리베이터에 타면
엘리베이터가 우리 집이 있는 층에서 멈춰요.
그리고 현관문에 다가가면 자동으로 잠금장치가
풀리지요. 집 안으로 들어서면 전등이 알아서 켜져요.
추운 겨울이나 더운 여름이면
집에 오기 전에 미리 보일러나
에어컨을 켤 수 있어요.
적당한 온도에 맞춰 놓으면
스스로 작동해 따뜻하게 하거나
시원하게 해 놓지요.

소파에 앉으면 인공 지능 스피커가 좋아하는 음악을 틀어 줘요. 텔레비전 프로그램을 예약하면 자동으로 텔레비전이 켜져요. 스스로 창문을 열어서 알맞게 환기를 시켜 주기도 해요. 이처럼 스마트 홈은 집 안의 사물들이 인터넷으로 연결되어 환경에 알맞게 자동으로 조정되는 기술이에요.

스마트 홈이 할 수 있는 일들은 또 있어요.
부족한 식재료가 있으면
인공 지능이 인터넷에서 주문해요.
유통기한이 지나거나 상한 음식도
냉장고가 알려 줘요.
수도·전기·가스도 관리하고
인터넷을 통해 요금도 내 줘요.
또한 불이 나거나 도둑이
들어오는 등 비상 상황을
인터넷을 통해 재빨리 주인에게
알려 주지요.

스스로 움직이는 스마트 카와 드론

3 생활 속에 다양한 인공 지능

인공 지능을 갖춘 '스마트 카'는 똑똑해요.
스마트 홈에 쓰이는 스마트 키는 자동차에도 쓰여요.
스마트 키를 들고서 자동차에 다가가면 자동으로
잠금장치가 풀려요. 차에 올라타면 시동이
저절로 걸리지요.
스마트 카는 사람이 없이도 안전하게 운전해요.
목적지를 내비게이션에 입력하면 교통 상황을 파악해
실시간으로 빠른 길을 찾아가지요.
사고가 났을 때도 스마트 카가 구조 센터에
사고 상황을 알려 주기도 해요.

구글에서 만든 무인 자동차 '구글 카'

위이잉—

해양 구조 드론

위잉

하늘을 나는 드론도 인공 지능은 필수예요. 특히 배달 드론은 장애물을 피해 안전하게 목적지를 찾아가요. 구조용 드론은 재난 현장에서 구조할 사람을 스스로 찾아 구출하기도 해요.

사람 살려!

허우적 허우적

3 생활 속에 다양한 인공 지능

사람과 대화하는 인공 지능 비서

스마트폰이 생겨나기 전까지, 휴대 전화는 그저 전화와 문자를 주고받는 도구였어요. 친구들과 이야기하다 잘 모르는 게 있어도 곧바로 인터넷에서 검색할 생각은 하지 못했어요. 인터넷이 연결되는 휴대 전화도 있었지만 사용이 아주 복잡했거든요. 스마트폰이 생긴 뒤로는 언제 어디서든 인터넷에 접속해 검색도 하고, 음악도 듣고, 게임도 할 수 있어요.

휴대 전화에 컴퓨터 기능을 추가한 **스마트폰**

스마트폰 화면 터치만으로 간단하게 인터넷에 접속하고, 수많은 *애플리케이션을 사용할 수 있지요.
터치! 터치! 터치!
앞으로는 이렇게 스마트폰 화면을 터치하는 일은 옛날 일이 되어 버릴 거예요. 더 편리하게 인터넷에 접속하고, 애플리케이션을 사용하는 방법이 있거든요.
바로 '인공 지능 비서'를 이용하는 거예요.

*애플리케이션: 특정한 일을 하도록 만들어진 프로그램. 줄여서 '앱'이라고 부른다.

인공 지능 비서는 사람과 대화하면서 음성을 알아듣고 작동하는 인공 지능 기술을 말해요. 컴퓨터는 자판이나 마우스로 프로그램을 가동하고 명령을 내리지요. 인공 지능 비서는 말로 명령을 내리고 애플리케이션을 작동시킨답니다. 인공 지능 비서는 스마트폰의 음성 인식 기술에서 찾아볼 수 있어요.

현재 더 발전한 인공 지능 비서는 아마존의 에코, 네이버의 인공 지능 스피커 같은 것들이에요. 스마트 홈과 연결돼 더 여러 가지 일을 하기도 해요.

노래도 틀어 주고, 날씨나 뉴스를 물어보면 대답도 해 줘요. 텔레비전에서 비디오를 틀어 주기도 하고, 냉장고에 있는 재료로 만들 수 있는 요리 조리법을 읽어 주기도 해요. 인공 지능 비서는 일을 시킬수록 사람 말을 더 잘 알아듣고 명령도 더 잘 이해해요. 인공 지능 비서는 앞으로 인터넷 이용법을 크게 바꾸어 놓을 거예요.

인공 지능 번역가는 얼마나 똑똑해요?

기계 학습과 딥 러닝 기술을 가지고 활발하게
연구되고 있는 것 중 하나는 '번역'이에요.
처음에는 컴퓨터에게 문법을 가르쳐서 사람 말을
이해시키려고 했어요. 하지만 문법에는 예외가 있고,
대화에는 수많은 상황이 있기 때문에 쉽지 않았어요.
딥 러닝 기술을 적용하면서부터 발전이 있었답니다.
엄청난 양의 문장을 주었더니 컴퓨터가 스스로
사람 말을 배우기 시작했어요.

<Google 번역>　　<papago>　　<iTranslate 번역>

2017년에 사람 번역가와 인공 지능 번역가의 대결이 열렸어요. 대결의 승자는 사람 번역가였지요. 아직까지는 문학 작품의 섬세한 감정 표현을 번역하는 일에서 인공 지능은 사람을 따라가지 못해요.

그러나 인공 지능 번역가가 더 잘하는 것도 있어요. 무엇보다도 번역 속도가 무척이나 빨라요. 번역할 수 있는 언어 수도 사람보다 훨씬 더 많지요. 구글 번역기는 100개 이상의 언어를 번역할 수 있어요. 네이버에서는 인공 지능 번역기 파파고를 만들었어요. 인공 신경망 기술을 적용한 번역기로 우리말을 외국어로 번역하는 데 있어 뛰어난 솜씨를 보이고 있어요. 머지않아 문학 작품이 아닌 업무용 외국어의 경우에 90% 이상의 번역을 인공 지능이 사람을 대신할 거예요.

사람의 병을 치료하는 인공 지능 의사

퀴즈 쇼에 출연해서 사람에게 승리한 인공 지능 왓슨은 그 뒤 의사로 변신했어요. 왓슨을 만든 미국의 회사 IBM이 의료용 인공 지능으로 업그레이드 시킨 거예요. 이름도 '왓슨 포 온콜로지'라고 붙여 주었지요.

인공 지능 의사 왓슨은 200권의 의학 교과서와 300종의 의학 저널 그리고 1500만 페이지에 이르는 전문 자료를 머릿속에 담고 있어요.
그뿐만 아니라 인터넷을 통해 전 세계에서 하루 평균 122건씩 새로 발표되는 의학 논문도 실시간으로 수집해서 이용해요.
왓슨은 암 진단 전문 의사로 활동하는데, 방대한 정보를 바탕으로 단 8초 만에 정확하게 암을 진단하고 가장 알맞은 처방을 내려 준답니다.
물론 환자의 나이와 여러 가지 검사 결과, 그전까지 해왔던 치료 등의 자료도 살펴보지요.
인공 지능 의사 왓슨의 진단 결과는 사람 의사의 진단 결과와 거의 일치한다고 해요. 현재 전 세계 대형 병원들 여러 곳에서 '왓슨 포 온콜로지'를 도입하고 있어요.

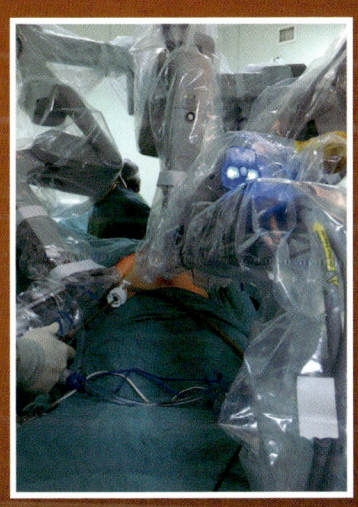

수술용 로봇
현재 다양한 의학 분야에서 활용되고 있다.

인공 지능이 법률 회사에서 일해요?

퀴즈 쇼 우승자 인공 지능 왓슨은 변호사로도 변신했어요. IBM은 왓슨을 법률가용 인공 지능으로 업그레이드 해 '로스'라는 이름을 붙여 주었어요. 변호사가 하는 일은 원래 수많은 법전과 판례들을 바탕으로 변호를 하는 일이에요.

인공 지능에게 수많은 법전과 판례를 익히는 건 쉬운 일이에요. 또 법률과 판례라는 빅 데이터를 분석해서 알맞은 결정을 내리는 것도 인공 지능이 잘하는 분야이지요.

인공 지능 변호사 로스는 사람이 질문하면 데이터를 뒤져 알맞은 답을 찾아내 대답해요. 로스는 미국의 법률 회사에 당당히 취직했어요. 그곳에서 법률 자료들을 검토하고, 사건에 알맞은 답을 찾아 주고 있어요. 일솜씨가 재빠른 로스는 사람 변호사 50명이 하던 일을 혼자서 해내고 있답니다.

3 생활 속에 다양한 인공 지능

우리나라에서는 인공 지능 법률가 '버비'가 활동하고 있어요. 버비는 법무부 홈페이지에서 일해요. 사람들이 알고 싶은 법적인 문제를 물어보면 버비가 친절하게 대답해 줘요.
홈페이지 메신저 창을 통해서 채팅하듯 대화를 나눈답니다.

인공 지능이 재산을 관리해 줘요?

세계 최대 뉴욕 증권 거래소

금융권에서 일하고 있는 인공 지능도 있어요. 투자 자문가로 활동하는 '로보 어드바이저'예요. 돈을 투자하려는 사람이 프로그램에 자신의 정보를 입력해요. 로보 어드바이저가 그 데이터와 알고리즘을 바탕으로 고객의 투자 성향을 분석해요. 그리고 알맞은 투자 아이디어를 제안하고 직접 투자해 주기도 해요.

인공 지능 투자 자문가가 사람 자문가보다 좋은 이유는 무엇일까요? 사람 자문가는 투자하는 데 있어서 개인적인 의견을 넣을 수 있어요. 로보 어드바이저는 데이터만으로 냉정한 판단을 내리지요. 또 인터넷으로 만나기 때문에 찾아가서 상담하지 않아도 돼요. 24시간 상담할 수 있고 수수료가 적어서 좋아요. 우리나라에서도 점점 더 많은 투자 회사에서 로보 어드바이저를 활용하고 있어요.

예술 활동을 하는 인공 지능 예술가

예술은 사람의 상상력을 이용해서 아름다움을 창조하는 일이지요. 논리만으로 가능한 일이 아니라서 기계가 예술을 할 수 없을 줄 알았는데 인공 지능이 사람처럼 예술 작품들을 만들어 내고 있어요. 2016년 2월, 미국에서 인공 지능 프로그램이 만들어 낸 미술 작품 전시회가 열렸어요. 인공 지능 화가의 이름은 '딥 드림'이에요. 딥 드림의 그림은 추상화였어요. 프로그램에 수많은 이미지들을 정보로 넣어 주었더니 여러 이미지를 재구성해서 새로운 그림을 창조했지요.

유명한 화가 렘브란트의 그림만을 따라서 그리는 인공 지능 '넥스트 렘브란트'도 있답니다.

렘브란트 작품을 분석하는데 쓰인 기술은 딥 러닝을 기본으로 한 안면 인식 기술이에요.

음악 부문에서 활동하는 인공 지능도 있어요.
미국 조지아공대에서 만든 인공 지능 로봇 '시몬'은
네 개의 팔로 마림바를 연주해요.
사람처럼 자기만의 스타일로 연주하지요.
흥이 나면 몸을 흔들거나 발을 구르기도 한답니다.
시몬은 사람 연주자와 즉흥 연주를 함께할 정도로
감각 있는 연주자예요.
미국의 예일대학교에서 개발한 '쿨리타'는 음악을
작곡하는 인공 지능이에요. 수많은 음악의 규칙을
분석한 다음, 응용해서 새로운 음악을 만들어 내지요.

문학 작품을 창조하는 인공 지능도 있답니다. 2016년 6월, 온라인에 공상 과학 단편영화 〈선 스프링〉이 공개됐어요. 이 영화 시나리오는 인공 지능 '벤자민'이 썼어요. 벤자민은 수십 개의 영화 대본을 학습한 다음, 스스로 새로운 시나리오를 써냈답니다.

문학상 후보에까지 오른 인공 지능도 있어요. 2013년 3월, 일본의 한 문학상 후보에 오른 《컴퓨터가 소설 쓰는 날》이라는 작품은 인공 지능이 썼답니다. 하코다테미래대학에서 만든 인공 지능이었는데 문장을 쓰는 능력이 대단했어요. 구글에서도 인공 지능의 연애 소설 쓰기 프로젝트가 진행됐어요. 이 프로젝트에서 인공 지능은 훌륭한 연애 소설을 써냈어요. 3천 권의 연애 소설과 1만 1천 편의 인터넷 연애 소설을 학습한 결과였지요.

인공 지능이 기사를 쓴다고요?

인공 지능은 문학 작품에 앞서 기사 작성으로 글을 쓰기 시작했어요. 긴 스토리와 섬세한 감정 묘사를 담아야 하는 문학 작품보다는 사실을 전하는 기사를 쓰는 게 더 쉬우니까요.

2006년, 영국의 회사 '톰슨 파이낸셜'에서 인공 지능에게 증권 뉴스를 쓰게 했어요. 인공 지능이 기사 하나를 쓰는 데 겨우 0.3초밖에 걸리지 않아 모두가 깜짝 놀랐답니다. 사람보다 훨씬 더 빠른 속도로 증권 상황을 분석해 기사를 써낸 거예요.

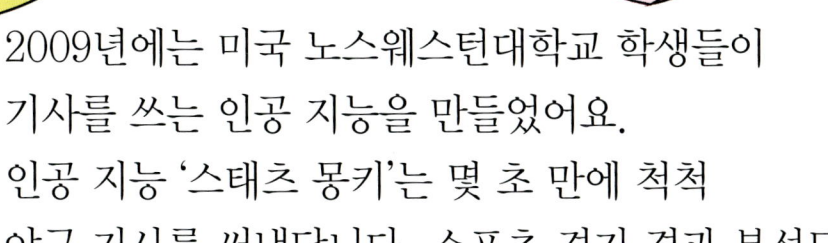

2009년에는 미국 노스웨스턴대학교 학생들이 기사를 쓰는 인공 지능을 만들었어요. 인공 지능 '스태츠 몽키'는 몇 초 만에 척척 야구 기사를 써냈답니다. 스포츠 경기 결과 분석도 사람보다 빨랐고, 기사의 문장도 훌륭했어요.

그리고 미국 로스앤젤레스의 '퀘이크 봇'은 지진 기사만을 쓰는 인공 지능 기자랍니다. 퀘이크 봇은 로스앤젤레스 주변에서 발생하는 지진 정보를 실시간으로 살펴요. 조금 큰 지진이 일어나면 재빨리 기사를 써서 인터넷으로 전송하지요. 제일 먼저 재난 소식을 알려 주는 특종 기자예요.

인공 지능 기자 가상 이미지
인공 지능 기자가 기사를 쓰고 정보를 제공한다.

연기를 펼치는 인공 지능 배우

앞으로는 영화에서 활약하는 인공 지능 배우도 만날 수 있을 거예요. 영화 '반지의 제왕'에서 컴퓨터 그래픽을 담당했던 기술자 스티븐 리제러스는 이렇게 말했어요.
"2045년쯤에는 사람 대신 인공 지능이 영화에 출연할 겁니다. 어쩌면 촬영과 감독까지 인공 지능이 대신할 수도 있고요."
인공 지능이 찍는 영화는 제작 시간을 줄이고 예산을 아끼는 데 큰 역할을 할 거라고 해요.

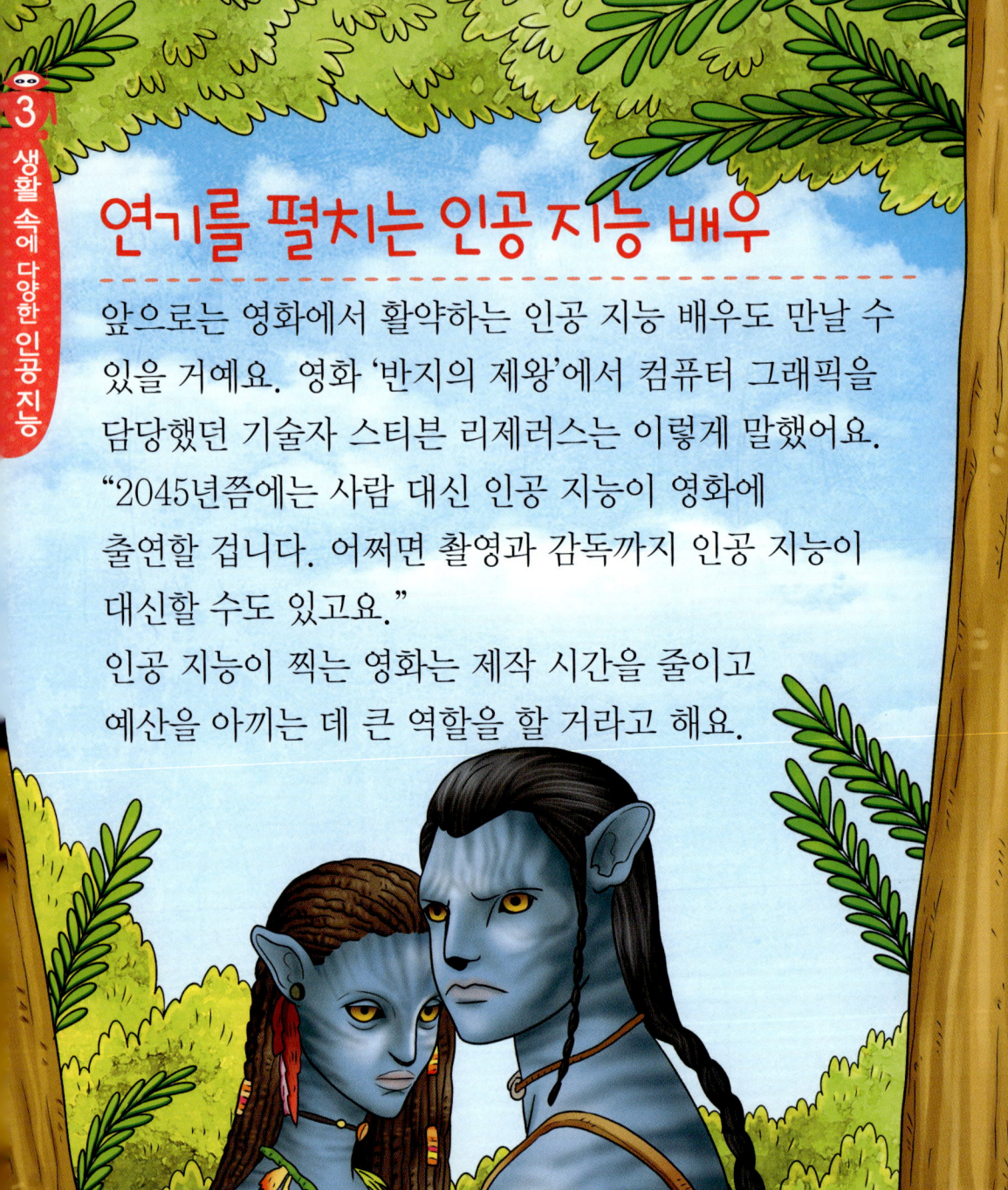

요즘 영화에서 컴퓨터 그래픽 활용은 흔한 일이지요.
'반지의 제왕', '호빗', '아바타' 등의 영화를 생각해 봐요.
이런 판타지 영화가 아니라 실사 영화에서도
컴퓨터 그래픽이 배우로 등장한 경우가 있어요.
미국 영화 '분노의 질주 7'을 촬영할 때
배우가 사망하는 일이 벌어졌어요.
제작팀은 영화에서 배우의 나머지 분량을
컴퓨터 그래픽으로 채웠답니다.

3 생활 속에 다양한 인공지능

그렇다면 컴퓨터 그래픽으로 영화를 어떻게 만들까요?

먼저 배우와 비슷한 사람이 일부 장면을 촬영하고 나머지는 컴퓨터 그래픽으로 만든답니다.

촬영 드론
영화를 찍을 때 드론을 이용하기도 한다.

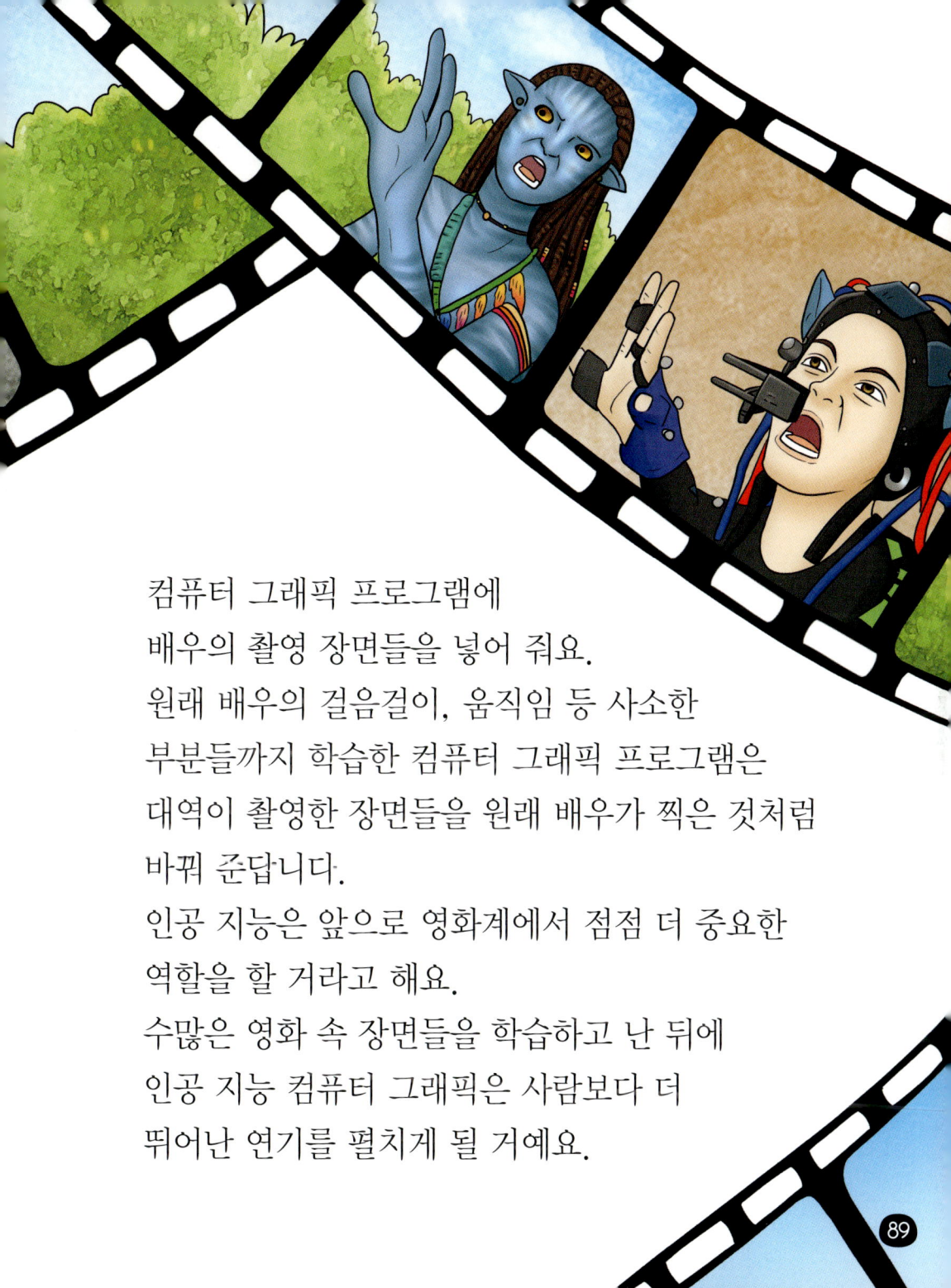

컴퓨터 그래픽 프로그램에
배우의 촬영 장면들을 넣어 줘요.
원래 배우의 걸음걸이, 움직임 등 사소한
부분들까지 학습한 컴퓨터 그래픽 프로그램은
대역이 촬영한 장면들을 원래 배우가 찍은 것처럼
바꿔 준답니다.
인공 지능은 앞으로 영화계에서 점점 더 중요한
역할을 할 거라고 해요.
수많은 영화 속 장면들을 학습하고 난 뒤에
인공 지능 컴퓨터 그래픽은 사람보다 더
뛰어난 연기를 펼치게 될 거예요.

창고를 관리하는 인공 지능 로봇

아마존 물류 창고

미국의 인터넷 쇼핑몰 아마존에서는 인공 지능 로봇 '키바'가 사람을 대신해 창고에서 열심히 일하고 있답니다. 전 세계로 배달할 물건을 보관해야 하는 아마존의 창고는 어마어마하게 넓고, 물건의 종류도 다양해요. 이렇게 넓은 창고에서 물건을 찾아오는 일을 인공 지능 로봇 키바가 하고 있어요. 키바는 사람이 직접 물건을 찾아다니는 수고를 덜어 주고 시간도 절약해 줘요. 그뿐 아니라 사람보다 더 정확하게 움직여서 실수가 없지요. 키바는 청소기 로봇처럼 바닥을 굴러다니는 오렌지색의 작은 로봇이에요.

작고 귀여워 보이지만
무척 힘이 세고
재빠르게 돌아다녀요.

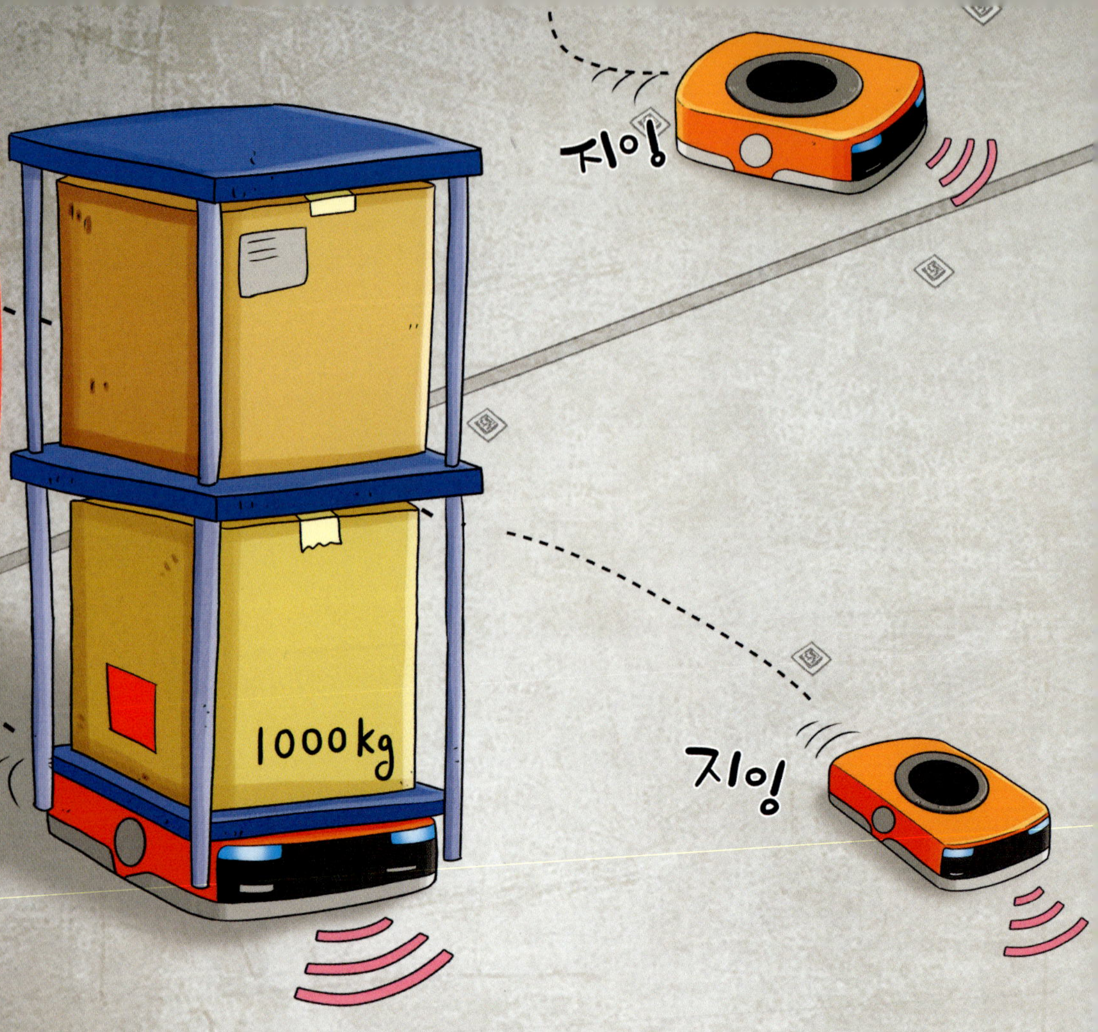

작은 키바는 500킬로그램까지, 큰 키바는 1,000킬로그램이 넘는 무거운 물건까지 척척 들어 날라요.

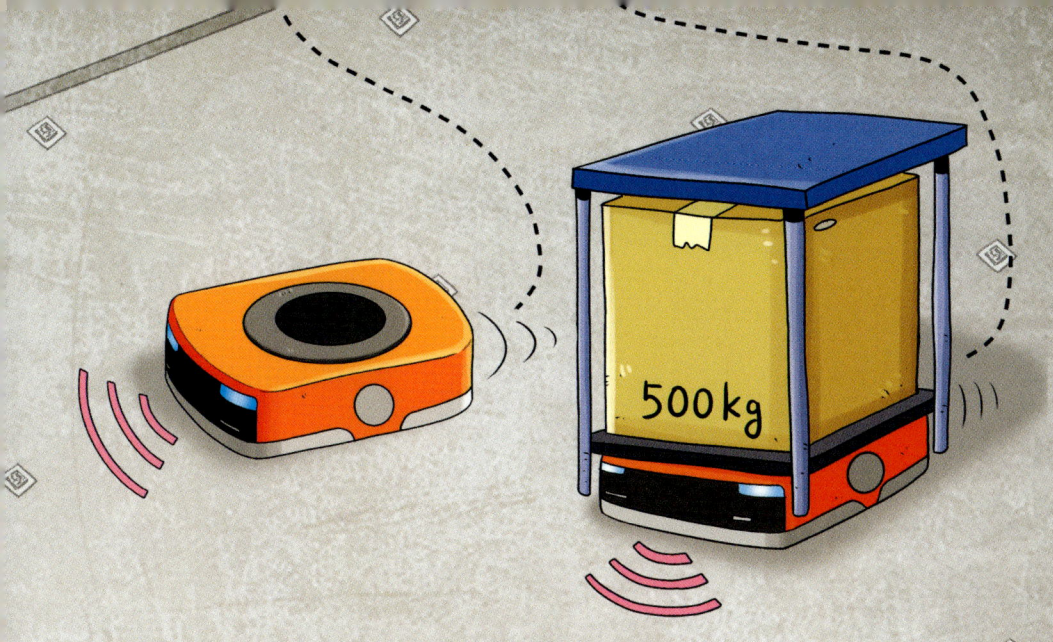

적외선 센서로 장애물을 피해 다니고, 아래쪽에 달린 카메라로 창고 바닥에 붙어 있는 바코드를 읽어 길을 찾아다닌답니다.
또 키바는 인터넷을 통해 창고 관리 시스템과 연결돼 있어요. 창고 관리 시스템은 어떤 물건이 새로 창고에 들어왔고, 어떤 물건이 나갔는지, 창고에 남아 있는 물건은 몇 개인지를 기록하는 컴퓨터 프로그램이에요.
그래서 키바는 창고에 있는 물건들이 몇 개인지, 어디에 있는지 모두 알고 있어요.

인공 지능 편의점은 어떻게 이용해요?

인공 지능 편의점은 점원이 아무도 없는 편의점이에요. 물건들만이 놓인 채로 손님을 기다리고 있지요. 우리나라에는 2017년 5월에 처음으로 잠실 롯데월드 타워에 인공 지능 편의점이 생겼어요. 인공 지능 편의점에 갈 때는 지갑도 카드도 가져갈 필요가 없어요. 손바닥만 있으면 된답니다. 그럼 도대체 어떻게 계산하는 걸까요? 인공 지능 편의점에서는 '핸드페이' 시스템이 결제를 담당해요.

핸드페이 시스템은 사람 신체의 일부로 본인 인증을 해서 결제하는 '바이오페이'의 한 종류예요. 사람이 손바닥을 가져다 대면 자동으로 결제가 돼요. 이를 위해서는 미리 카드 회사에 핸드페이 정보를 등록해 놓아야 해요. 사람은 저마다 정맥의 굵기와 선명도, 모양 등이 다르기 때문에 손바닥 정보를 암호로 등록해 두는 거예요.

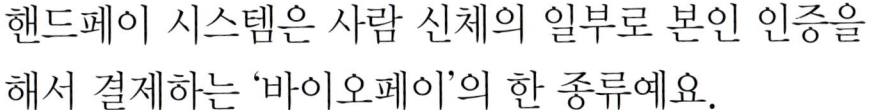

인공 지능 편의점에 들어가려면
우선 '바이오 인식 스피드 게이트'를 통과해야 해요.
핸드페이에 등록돼 있는 손님만 통과할 수 있어요.
편의점 안에 들어서면 여러 첨단 장비가 손님을 맞아요.
인공 지능 냉장고에는 센서가 달려 있어요.
손님이 다가가면 자동으로 문이 열리고,
손님이 지나가면 스르륵 문이 닫히지요.
물건을 골라서 무인 계산대에 올려놓으면
자동으로 가격 바코드를 인식해요. 그다음에는
손님이 손바닥을 가져다 대면 계산이 끝나지요.

그리고 이곳에는
인공 지능 CCTV가
24시간 지키고 있어요.
핸드페이에 등록돼 있지 않은 사람이
몰래 들어오거나 도둑질을 할 때,
또 가게에 불이 나면
곧바로 알람이
울린답니다.

인공 지능 월드컵이 열린다고요?

2018년 8월, 우리나라 KAIST 공과대학에서 인공 지능 월드컵을 열었어요. 세계 12개 나라에서 총 29개 팀이 참가했답니다. 인공 지능 월드컵에는 인공 지능 축구, 인공 지능 경기 해설, 인공 지능 기자 3종목이 있어요.
인공 지능 축구는 온라인 시뮬레이션 환경에서 인공 지능 선수들이 벌이는 축구 시합이에요. 5명의 인공 지능 선수들이 한 팀을 이뤄 경기하지요. 인공 지능 경기 해설은 이 축구 시합을 인공 지능이 분석해 해설하는 것을 겨루는 시합이에요. 마지막으로 인공 지능 기자는 시합 결과를 기사로 작성하는 것을 겨뤄요.

인공 지능 월드컵은 이전까지 KAIST에서 진행해 온 '국제 로봇 축구 대회'를 발전시킨 거예요. 구글, 매사추세츠 공과대학 등 인공 지능 기술로 유명한 팀들이 참가했지만 우승은 KAIST 팀이 당당히 차지했답니다.

적을 공격하는 인공 지능 무기

2017년, 국제연합에 '인공 지능·로봇 센터'가 만들어졌어요. 인공 지능 무기가 함부로 전쟁에 쓰일까 봐 많은 사람이 걱정했거든요. 인공 지능과 로봇이 전쟁 무기에 쓰일 것에 대비해서 감시하려고 이 센터를 만들었답니다.

인공 지능이 발달하면서 전쟁 무기에도 인공 지능을 활용하는 연구가 이루어졌어요. 인공 지능 드론 전투기와 전투 로봇 등이 만들어졌지요. 그래서 2015년에 1000명이 넘는 과학자들과 유명 인사들이 의견을 모아서 국제연합에 편지를 한 통 보냈답니다. 스스로 판단해서 적을 공격하는 인공 지능 무기 사용을 금지하도록 해 달라는 편지였어요.

3 생활 속에 다양한 인공지능

그들은 인공 지능 무기가 전쟁을 더 쉽게
일으킬 수 있고, 테러리스트들이 악용할 수도 있다고
생각했어요. 한번 인공 지능 무기가 쓰이기 시작하면
되돌릴 수 없으니 미리부터 금지해 달라고 했답니다.
2017년, 드디어 국제연합에 감시 기구인
'인공 지능·로봇 센터'가 만들어졌어요!
모든 과학 기술이 그렇듯이 첨단 과학 기술은
누구의 손에 어떻게 쓰이느냐가 중요해요.
과학 기술이 사람을 편리하고 행복하게 살게 해 줄
수도 있지만 사람을 죽이는 데에 쓰일 수도 있지요.
인공 지능 기술도 마찬가지예요.

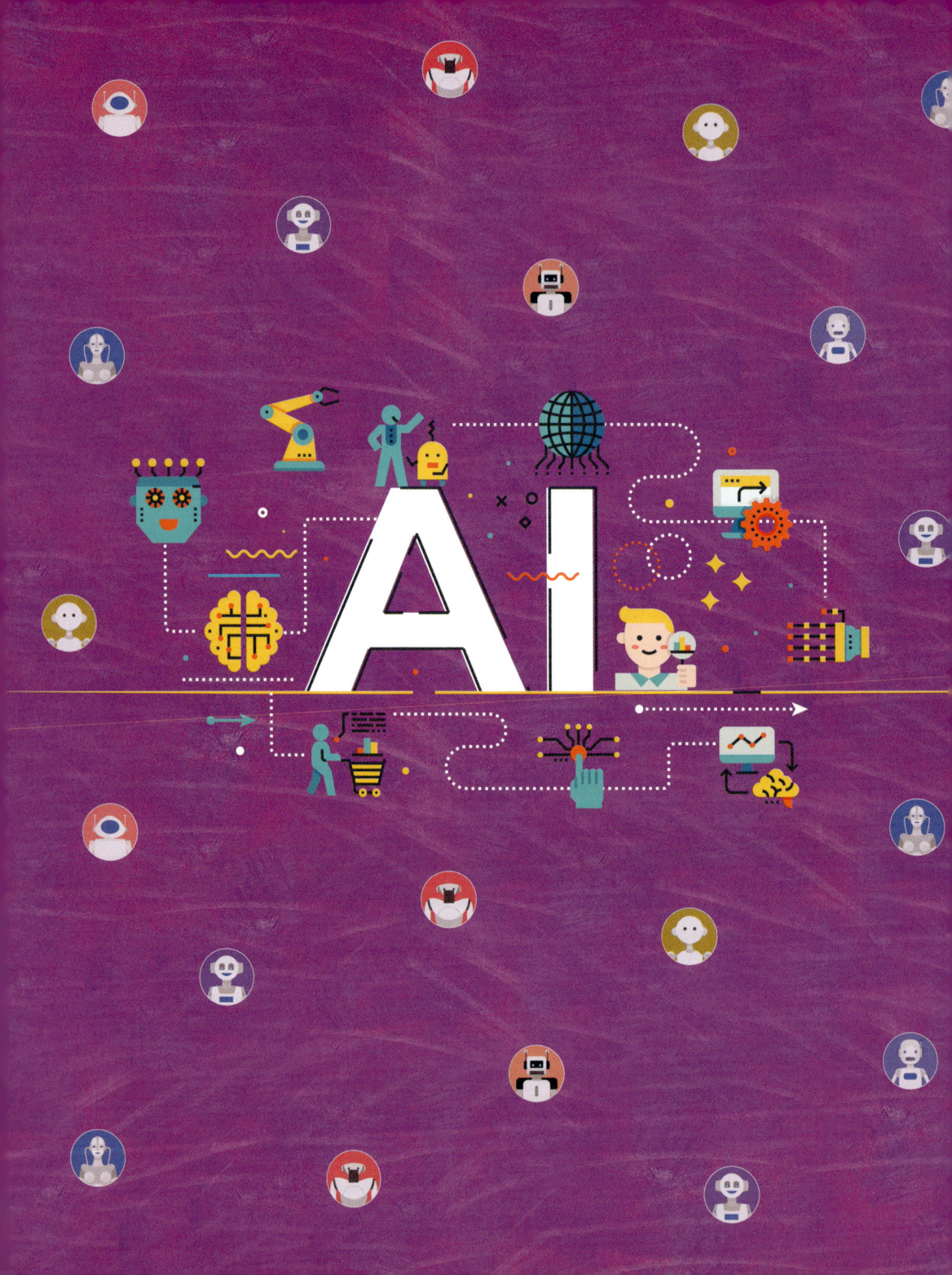

1차 산업 혁명

2차 산업 혁명

4차 산업 혁명이란 무엇이에요?

산업 혁명이란 새로운 기술이 발명되어서
사회를 크게 바꾸는 것을 말해요.
1700년대 영국에서 증기 기관이 발명되면서
세상의 많은 것들이 바뀌었어요.
기계화된 공장들이 세워지고 산업이 크게 일어났지요.
그러자 사회 구조와 사람들의 생활 방식도 바뀌었어요.
이와 같은 일을 '산업 혁명'이라고 해요.

증기 기관으로 인한 1차 산업 혁명 뒤에,
전기가 발명되면서 2차 산업 혁명이 일어났어요.

3차 산업 혁명

컴퓨터와 인터넷 세상

그다음에는 컴퓨터와 인터넷이 발명되면서 3차 산업 혁명이 일어났어요. 머지않아 인공 지능이 이끌 4차 산업 혁명이 일어날 거예요.

4차 산업 혁명

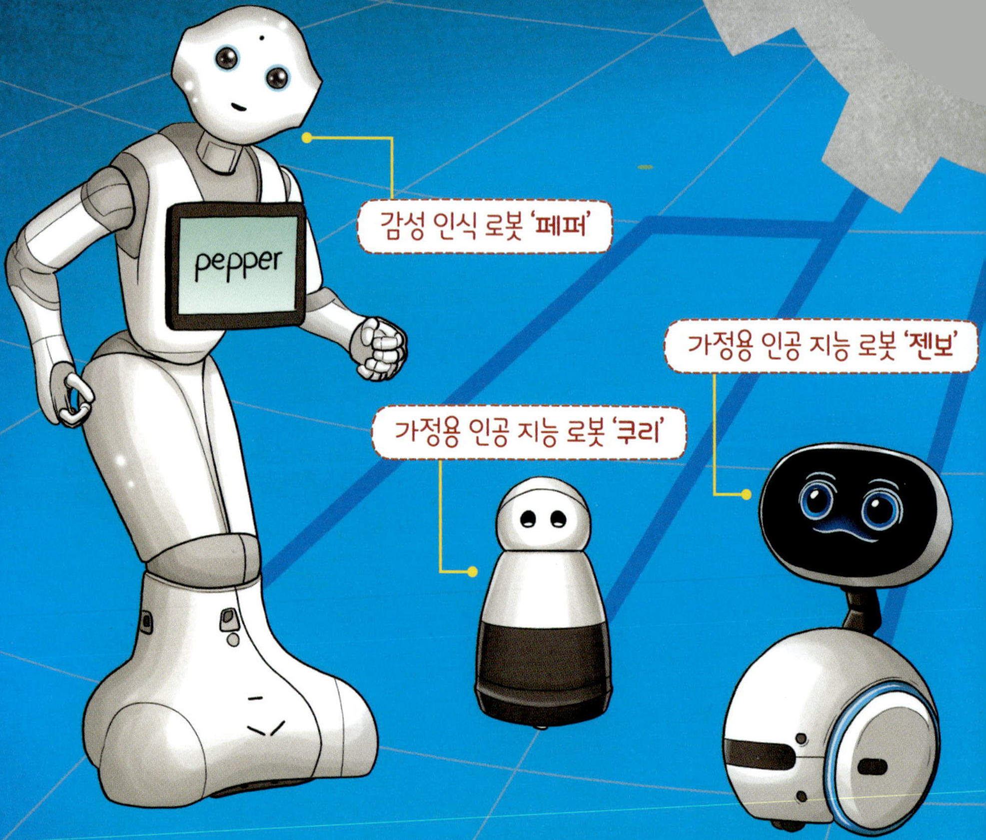

4 인공 지능과 4차 산업 혁명

감성 인식 로봇 '페퍼'

가정용 인공 지능 로봇 '젠보'

가정용 인공 지능 로봇 '쿠리'

4차 산업 혁명은 인공 지능, 사물 인터넷, 빅 데이터, 3D 프린터, 클라우딩 컴퓨터 등 첨단 정보 통신 기술이 이끄는 산업 혁명이에요. 인공 지능 로봇들로 더 편리한 생활이 되고, 어디에나 있는 인터넷으로 사람들 사이에 빠른 의사소통이 이루어지지요.

3D 프린터

사람을 대신해 일하는 인공 지능 기계들로 직업에도 많은 변화가 일어날 거예요. 또한 사람을 닮은 인공 지능 로봇이 생겨나고, 생명 공학과 결합된 인공 지능 기술로 사람과 기계가 결합된 사이보그가 생겨나면서 우리는 로봇에 대해 다시 생각하게 될 거예요.

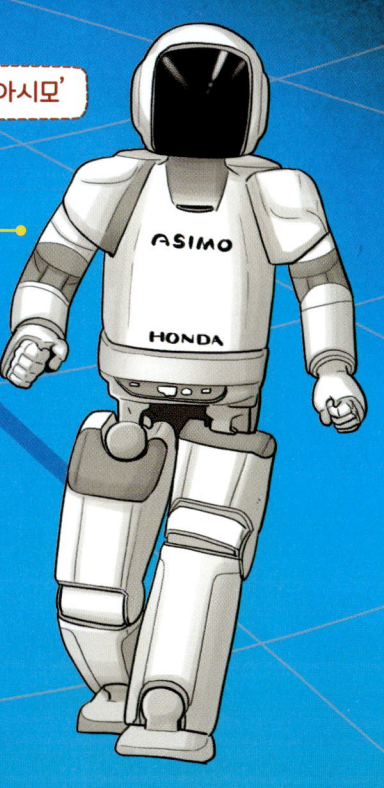

휴머노이드 로봇 '아시모'

치매 예방 로봇 '실벗'

가정용 인공 지능 로봇 '유미'

로봇이 사람의 일자리를 빼앗아 가요?

어떤 사람들은 4차 산업 혁명이 일어나면 로봇이 사람의 일자리를 빼앗아 갈 거라고 걱정하기도 해요. 역사를 가만히 살펴보면 자동화로 인한 일자리 변화는 늘 있어 왔어요.

기술이 발달하고 사회가 바뀌면 지금까지 있던 직업이 사라지기도 하고 새로운 직업이 생겨나기도 한답니다. 그 대표적인 직업은 바로 농부예요.

예전에는 대부분 농사를 지었지만 요즘에는 농업을 하는 사람들이 크게 줄었지요.

기계화되면서 넓은 땅에 농사를 짓는 데에도 적은 사람만으로 충분해졌기 때문이에요. 도시에는 수많은 직업이 새로 생겨났기 때문에 사람들은 다른 직업을 찾아 농촌을 떠났어요. 도시에 간 사람들은 새로운 일을 할 수 있었답니다.

자동차 공장에서 사용하고 있는 **로봇 팔**

로봇 기술이 발달하면서 공장이 자동화되고 로봇이 도입되었어요. 단순한 조립에서부터 자동차를 만드는 일까지 이미 많은 일을 로봇이 하고 있지요. 앞으로 인공 지능이 발달하면 로봇이 할 수 있는 일들이 더욱 늘어날 거예요. 그러면 사람의 일을 로봇이 대신하게 되겠지요.

인공 지능으로 어떤 일들이 편해져요?

자율 주행 자동차로 운전이 편해진다.

인공 지능은 사람을 대신해 어떤 일들을 할까요? 제일 먼저 조금만 생각하고도 할 수 있는 일들은 인공 지능도 사람만큼 잘해 낼 거예요. 나무에서 익은 과일을 골라 따고, 상품을 포장해서 배달하고, 트럭에 물건을 싣고 내리는 일들이지요. 무인 자동차 택시가 손님을 실어 나르고, 식당의 웨이터, 도로에서 일하는 교통경찰 등도 인공 지능이 사람을 대신할 만한 일들이에요.

인공 지능이 더 발달하면
인공 지능이 할 수 있을 거라고
상상하지 못했던 일들도 대신할 거예요.
엄청난 양의 빅 데이터를 가지고
스스로 학습해 판단하는 인공 지능은
선생님·의사·변호사처럼 더 어려운
일들도 해낼 거예요.

인공 지능이 대신할 수 없는 직업은?

2016년 1월, 스위스에서 열린 '세계 경제 포럼'에서 4차 산업 혁명으로 바뀔 직업들을 발표했어요. 4차 산업 혁명이 일어나면 앞으로 2020년까지 700만 개 정도의 일자리가 사라질 거라고 해요. 단순 사무직이나 제조업 생산직에서 가장 먼저 변화가 일어날 거예요. 새로 생겨나는 일자리도 200만 개 정도 될 거라고 했답니다.
　　인공 지능이나 정보 통신과 관련된 새로운 직업들이 생겨날 거예요.

곧 있으면 700만 개 일자리가 사라진대!

창의성을 필요로 하는 직업, 예를 들면
예술가와 같은 일들이 오래 살아남을 거예요.
미래에는 인공 지능 예술가도 나오겠지만
모든 예술을 인공 지능에게 맡기지는 않을 거예요.
사람의 생각과 감정을 가장 잘 알고 있는 건
사람이니까 아무래도 사람이 만든 예술을
더 좋아하겠지요.

★사라질 가능성이 높은 직업★

콘크리트공, 기계공, 농부, 도축원, 물품 이동 관리원, 제품 조립원, 운전사, 기관사, 은행 창구 직원, 경리, 청원 경찰, 택배원, 미화원, 재활용품 수거원.

단순 사무직과 노동직이 점점 사라지고 있어!

★사라질 가능성이 낮은 직업★

화가, 조각가, 사진작가, 작가, 지휘자, 요리사, 작곡가, 연주가, 무용수, 안무가, 애니메이터, 공예가, 만화가, 메이크업 아티스트, 가수, 분장사.

창의성이 필요하고, 사람을 즐겁게 만드는 일은 우리가 할게!

예술 관련 직업은 인공 지능으로 대체하기 힘들지.

★새로 생겨날 미래 유망 직업★

인공 지능 전문가, 빅 데이터 분석가, 가상 현실 전문가, 로봇 윤리학자, 드론 조종사, 사물 인터넷 전문가, 스마트 도로 설계사, 정보 보안 전문가, 스마트 의류 개발자, 소셜 게임 큐레이터, 데이터 기획자, 미디어 콘텐츠 창작자.

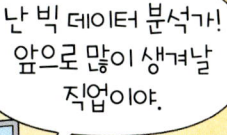

난 빅 데이터 분석가! 앞으로 많이 생겨날 직업이야.

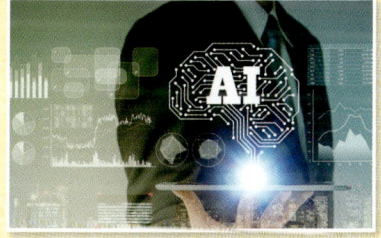

인공 지능 전문가
인공 지능을 활용해 다양한 프로그램을 설계한다.

여러분은 앞으로 어떤 직업을 갖고 싶나요? 미래에 유망한 직업을 찾으려 한다면 인공 지능이 대체하기 힘든 일이 뭘지 지금부터 한번 생각해 봐요.

정보 보안 전문가
해킹과 정보 유출을 막는다.

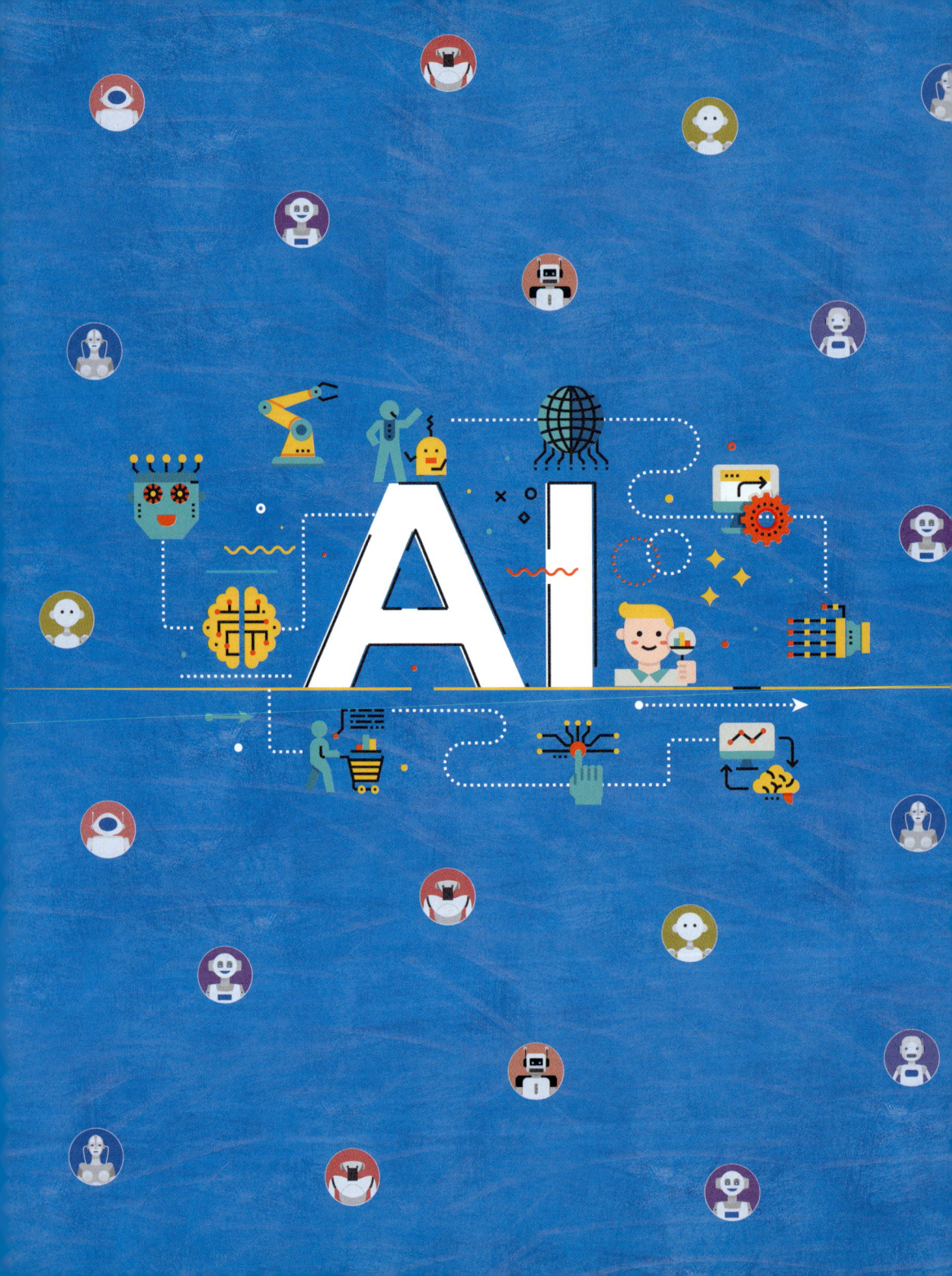

5장
놀라운 인공 지능의 미래

인공 지능 테스트는 어떻게 해요?

인공 지능이 얼마나 똑똑한가를 알아보는 테스트가 있어요. 바로 영국의 천재 수학자이자 컴퓨터 공학자인 앨런 튜링이 만든 '튜링 테스트'랍니다. 튜링은 컴퓨터가 탄생하는 데 큰 도움을 주었어요. 튜링은 컴퓨터가 사람과 얼마나 자연스럽게 대화할 수 있는지에 따라 인공 지능의 지능을 평가할 수 있다고 생각했어요.
그는 "인공 지능 컴퓨터와 대화를 해 보고 그 컴퓨터의 반응을 사람의 반응과 구별할 수 없다면 그 컴퓨터에게 생각하는 능력이 있는 것으로 봐야 한다."라고 주장했지요.

TIP

인공 지능의 아버지, 앨런 튜링

앨런 튜링은 1950년에 낸 자신의 논문에서 사람의 지능을 모방해 스스로 학습하는 기계를 최초로 상상하고, 기계가 지능적인가를 판단하는 '튜링 테스트'를 제시했다. 이 테스트는 인공 지능을 판별하는 기준으로 널리 알려졌고, 이후 튜링은 인공 지능의 아버지라 불린다.

튜링 테스트의 방법은 다음과 같아요.
30명의 실험자가 5분 동안 대화를 나눈 뒤
상대가 사람인지 인공 지능인지 구별하는 거예요.
실험자의 30% 이상이 구별에 실패하면 인공 지능이
사람처럼 지능을 가진 것으로 판단해요.

5 놀라운 인공 지능의 미래

스마트폰의 음성 안내자와 대화를 나눠 본 적이 있다면 어떤 느낌인지 알 거예요.
음성 안내자가 내 말을 알아듣고 검색을 도와주지만 우리는 확실히 그게 기계라는 것을 느낄 수 있지요.
그럼 기계와 대화하는데 친구와 대화하듯이 똑같다면 어떨까요?

<튜링 테스트를 통과한 '유진 구스트만'의 채팅 창>

그때는 뛰어난
인공 지능이라고 해야
할 거예요. 2014년 6월, 드디어 튜링 테스트를 통과한
인공 지능이 있었답니다. 튜링 테스트가 만들어진 지
무려 64년 만의 일이었지요. 그 인공 지능 프로그램의
이름은 '유진 구스트만'이었어요. 실험자들은 유진과
대화하는 동안 유진을 사람이라고 믿었답니다. 하지만
튜링 테스트는 1950년에 만들어졌기 때문에 이를 통해
인공 지능을 판단하기 힘들다는 주장도 있어요.

인공 지능 '유진 구스트만'
튜링 테스트를 처음으로 통과한 슈퍼컴퓨터로, 국적은 우크라이나이며 13살 소년으로 설정되어 있다.

강한 인공 지능, 약한 인공 지능

컴퓨터 공학자들은 인공 지능을 '강한 인공 지능'과 '약한 인공 지능'으로 나누기도 해요. 사람보다 수준이 낮으면 약한 인공 지능, 사람보다 수준이 높으면 강한 인공 지능이지요. 강한 인공 지능은 사람처럼 생각하는 힘이 있고, 스스로를 인식할 수 있는 자아의식을 갖고 있으며, 감성, 양심 등을 가진 단계예요. 현재까지 이 단계에 이른 인공 지능은 없답니다.

약한 인공 지능은 스스로 인식하거나 감정을 느끼는 높은 지능이 있지는 않아서 진정한 인공 지능이 아니라고 말하는 사람들도 있어요. 현재까지 인공 지능의 수준은 이 정도예요. 미래에는 딥 러닝 기술과 인공 신경망의 발달로 강한 인공 지능이 나올 거예요. 어쩌면 사람보다 더 똑똑한 인공 지능이 나타날지도 모르지요.

특이점은 무슨 뜻이에요?

'특이점'은 크나큰 변동이 일어나는 지점을 말하는 과학 용어예요. 아주 큰 변화가 일어나서 사물의 본질이 변하는 지점을 말하지요. 이를테면 빅뱅이나 블랙홀 같은 것들을 말해요. 특이점을 영어로 '싱귤래리티(Singularity)'라고 해요. 과학자들은 인공 지능에도 특이점이라는 용어를 사용해요.

특이점(Singularity)

인공 지능의 지능이 아주 높아져서 사람보다 더 똑똑해지고 스스로 진화하는 지점을 말한답니다. 인공 지능이 사람의 제어를 넘어서는 순간을 말하는 것이지요.
인공 지능 특이점을 처음 이야기한 사람은 공상 과학 소설가 버너 빈지였어요. 그의 책 《다가오는 기술적 특이점: 포스트 휴먼 시대에 살아남는 법》에서 처음 쓰였답니다.

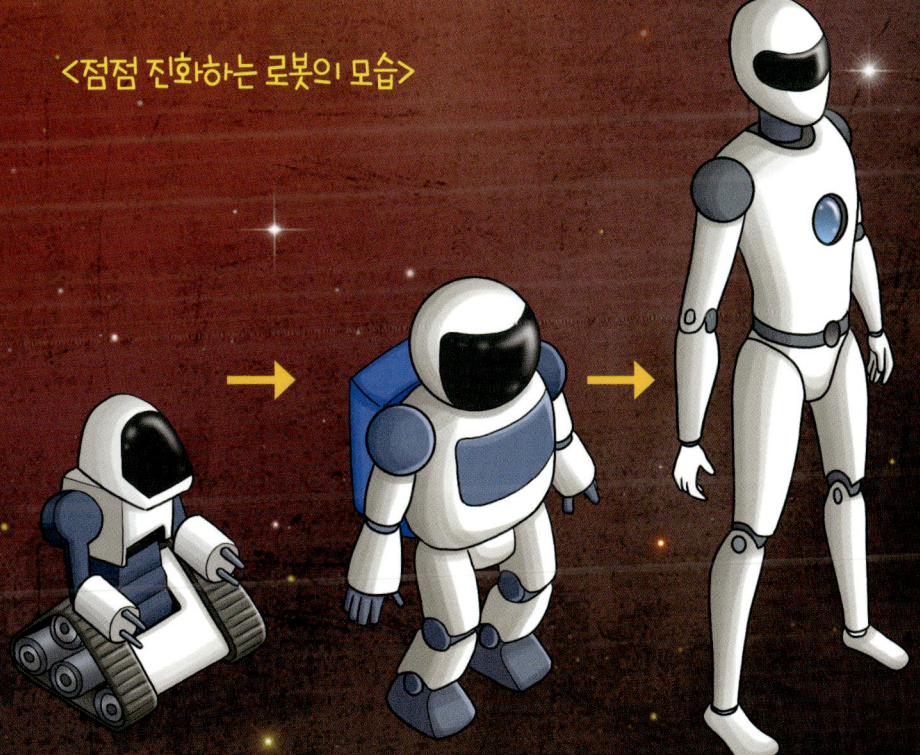

<점점 진화하는 로봇의 모습>

이 특이점을 긍정적으로 보는 사람들은
이렇게 이야기해요.
"특이점에 이르면 사람의 장기와 두뇌까지 대체할
인공 지능 기술이 나올 것이다. 그러면 사람에게
인공 지능 기계를 결합해서 우리는 영원히 살 수 있다."
반면에 부정적으로 보는 사람들은 이렇게 이야기해요.
"특이점에 이르면 인공 지능 로봇들이 사람을
조종하고 지배할 것이다. 인류는 멸종할 것이다."

인공 지능 학자들은 아직까지
특이점을 걱정할 필요가 없다고 말해요.
사람보다 더 똑똑하고 진화까지 하는
인공 지능이 나오려면 아직 멀었기 때문이죠.

강한 인공 지능을 뛰어넘는 '초지능'
초지능이란 자아의식을 갖고 있을 뿐만 아니라 사람의 지능 수준을 훨씬 뛰어넘는 인공 지능을 말한다.

인공 지능이 사람보다 똑똑해질까요?

인공 지능의 발전은 현재 얼마나 이루어졌을까요?
인공 지능 알파고 이후로 기계 학습 분야는
무척 빠르게 발전하고 있어요.
전 세계 여러 기업들이 기계 학습을 응용한
제품들을 속속 내놓고 있지요.

5 놀라운 인공 지능의 미래

요즘 전자 제품들은 인공 지능이 더해져
나오는 것들이 많아요. 인공 지능 스피커,
인공 지능 냉장고, 인공 지능 텔레비전 등이 있지요.
몇 년 전까지만 해도 미래의 일로 여겼던
인공 지능이 생활 속으로 성큼 들어오고 있어요.
인공 지능이라는 말이 쓰인 전자 제품들이
사람만큼 똑똑한 인공 지능이란 뜻은 아니에요.
사람과 같은 지능을 가진 인공 지능이 나오려면
한참 더 기다려야 해요.

미국의 미래학자 레이 커즈와일은 2045년쯤이면 특이점이 다가올 거라고 예견했어요. 인공 지능 기술은 빠르게 발전하고 있고 앞으로 더 빨라지기 때문에 사람만큼 똑똑한 인공 지능이 나올 거라고 했지요. 하지만 커즈와일의 주장에 반대하는 사람들도 있어요. 마이크로소프트 회사 창업자인 폴 앨런은 특이점이 다가올 시점을 정확히 알아내기는 불가능한 일이라고 말해요. 따라서 여러 가지 의견을 종합해 볼 때 특이점이 다가올 시기는 대략 2030년에서 2080년 사이라고 볼 수 있어요.

인공 지능도 감정이 있어요?

인공 지능이 현실이 되어 가고 있는 요즘, 사람들은 기계가 생각할 수 있다는 사실을 받아들여요. 컴퓨터 프로그램이 많은 것을 기억하고, 정확하게 판단할 수도 있다고 믿지요.
하지만 인공 지능이 사람처럼 감정을 가질 수 있다고 믿는 사람은 많지 않을 거예요.

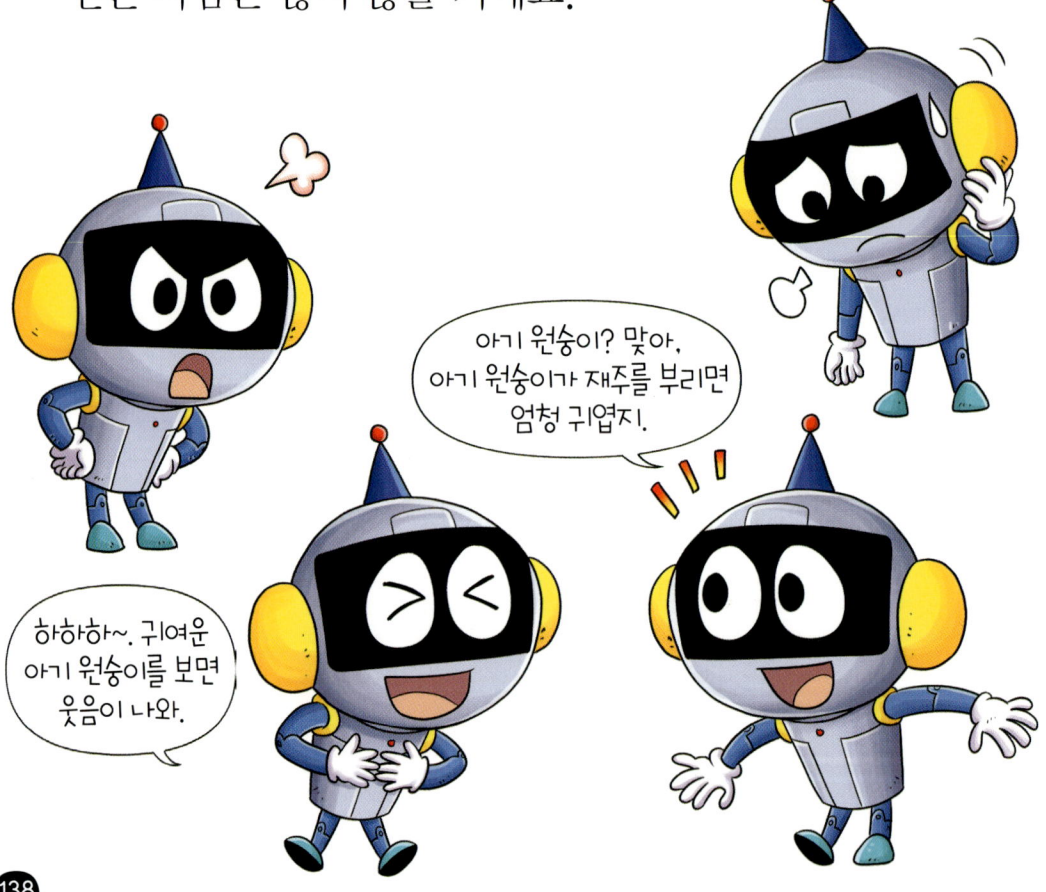

감정은 사람만이 가진 고유한 것이라고 생각하지요.

이런 로봇을 한번 상상해 봐요. 사람처럼 말랑말랑한 피부를 가진 로봇을 꼬집으면 "아야! 아파요!" 하고 소리치도록 프로그램을 해 놓았어요. 그렇다 해도 이 로봇이 감정이 있다고 생각하진 않을 거예요. 건드리면 소리를 내는 인형과 다름없다고 여길 거예요.

한 번, 두 번, 세 번, 꼬집을 때마다
로봇이 내는 반응이 달라진다면 어떨까요?
한 번 꼬집었더니 "아야! 아파요!"라고 말해요.
두 번 꼬집었더니 "아파요! 꼬집지 말아요!"라고 말해요.
세 번 꼬집었더니 눈을 부릅뜨며 화를 내요.
"왜 나를 괴롭히는 거예요?"
네 번 꼬집었더니 로봇이 얼굴을 찌푸리며 다가와요.
그리고 이렇게 말해요.
"꼬집는 거 싫다고 말했지? 너도 한번 꼬집혀 볼래?"

아니거든?
놀라서 도망가는 것
뿐이라고!

감정 인식 로봇 '페퍼'
머리에 달린 카메라와 마이크,
센서 등으로 사람의 감정을
느낄 수 있다.

꼭 로봇이 감정을 느끼는 것처럼
보이지 않나요?
사실 사람들은 곤충에게
감정이 있는지 없는지 확실히
말하지 못해요. 곤충도 괴롭히면
놀라서 도망쳐요. 하지만
사람처럼 얼굴을 찌푸리거나
화를 내지는 않지요.

강아지나 고양이, 원숭이는 어떨까요?
사람과 가까운 동물들은 괴롭히면 화를 내고,
잘해 주면 좋아해요.
이런 동물들은 감정이 있다고 생각하지요.
어쩌면 인공 지능도 마찬가지일지 몰라요.

인공 지능도 자유 의지가 있나요?

자유 의지는 스스로 생각하고 선택하고 결정하는 능력을 말해요. 외부의 힘이 아니라 스스로 판단해 결정하는 힘을 말하지요.
사람은 누구나 자유 의지를 가지고 있어요.
인공 지능도 자유 의지를 가질 수 있을까요?

대부분의 사람들은 컴퓨터에게는
자유 의지가 없다고 생각할 거예요.
아무리 뛰어난 컴퓨터 프로그램이라 해도
사람이 그 프로그램을 만든 이상 컴퓨터가
스스로의 뜻대로 무언가를 결정하는 건
아니라고 여기겠지요.
하지만 인공 지능이 충분히 똑똑해지면
이야기가 달라져요.

저는 두 분 곁에 10m 이내에 함께 있어야 한다고 프로그램됐어요.

기계 학습과 딥 러닝을 통해서 스스로 배우는
능력을 가진 인공 지능 컴퓨터는 사람이 프로그램
해 놓은 대로만 움직이지는 않거든요.
계속 학습해 나가면서 스스로 판단하고, 방법을
찾아가기도 해요.

사람들 모두가 가진 지식을 다 합친 만큼의
빅 데이터를 담고 있는 인공 지능이 있다면 어떨까요?
사람은 인공 지능이 어떤 문제에 대한 해답을
어떻게 결정 내릴지 상상도 할 수 없을 거예요.
사람이 자유 의지가 있다고 말할 수 있는 건
그 사람이 어떤 결정을 내릴지 알 수 없다는
뜻이기도 해요. '내 맘대로' 해야 자유 의지니까요.
인공 지능이 내릴 결정을 사람이 상상할 수 없다면
인공 지능도 자유 의지가 있다고
말해야 하지 않을까요?

인공 지능이 범죄를 일으켜요?

인공 지능도 범죄를 저지를 수 있답니다. 간단하게는 무인 자동차가 사람을 치는 경우를 생각할 수 있어요. 의도하지 않았더라도 사고를 낼 수 있지요. 또 전쟁에 쓰인 인공 지능 무기가 민간인의 집을 폭격한 경우도 상상해 볼 수 있어요. 사고와 비슷하지만 결과는 범죄라고 할 수 있지요.

인공 지능이 의도적으로 범죄를 저지를 수 있을까요?
인공 지능을 프로그램할 때 어떤 행동이 합법이고
어떤 행동이 불법인지를 모두 입력해 놓았다고
생각해 봐요.
인공 지능이 스스로 판단하고 하는 행동이 불법이라면
이건 범죄로 봐야 할 거예요.
어떻게 그럴 수가 있느냐고요?
가장 효율적인 방법을 고르느라 불법적인 일을
선택할 수도 있기 때문이에요.

5 놀라운 인공 지능의 미래

강아지를 산책시키는 인공 지능 로봇을 생각해 봐요. 로봇이 길거리에서 강아지를 산책시키고 있어요. 그런데 강아지가 갑자기 다른 사람의 집으로 뛰어들더니 정원에서 놀고 있는 아기를 공격하려 해요. 이때 인공 지능 로봇은 어떤 판단을 내리고 행동할까요?

강아지가 아기를 물지 못하게 하려고
로봇이 집 정원에 들어갈 수 있어요.
다른 사람의 집 정원에 무단으로 들어가는 건
분명히 불법이지요. 하지만 상황이 벌어졌을 때는
더 중요한 걸 지키기 위해 그렇게
행동할 수도 있답니다.
사람들이 그렇듯이 말이에요.

인공 지능의 범죄는 누구 책임이에요?

인공 지능이 범죄를 저질렀다면 그 책임은
누가 져야 할까요?
*초보적인 인공 지능이 저지른 범죄는 반려견이 저지른
사고처럼 생각할 수 있어요. 강아지가 사람을
물어 죽이면 그 강아지는 안락사를 당한답니다.
가정용 로봇이 아이를 심하게 다치게 했다면
그 로봇은 폐기하겠지요.

*초보적: 학문이나 기술 등을 익힐 때 처음 시작하는 수준에 있는 것.

무인 자동차 '구글 웨이모'

그런데 무인 자동차가 사람을 쳤다면 어떨까요? 의도적으로 사람을 친 게 아니라 사고였는데도 무인 자동차를 전부 없애야 할까요? 그렇지 않을 수도 있어요. 무인 자동차를 모두 없애기보다는 프로그램을 좋게 고쳐서 사용하려 할 거예요.

사람이 인공 지능을 조종해서 범죄를 저질렀다면 그 책임은 당연히 조종한 사람이 져야 해요. 그러나 인공 지능이 혼자서 범죄를 저질렀다면 책임도 인공 지능이 져야겠지요.

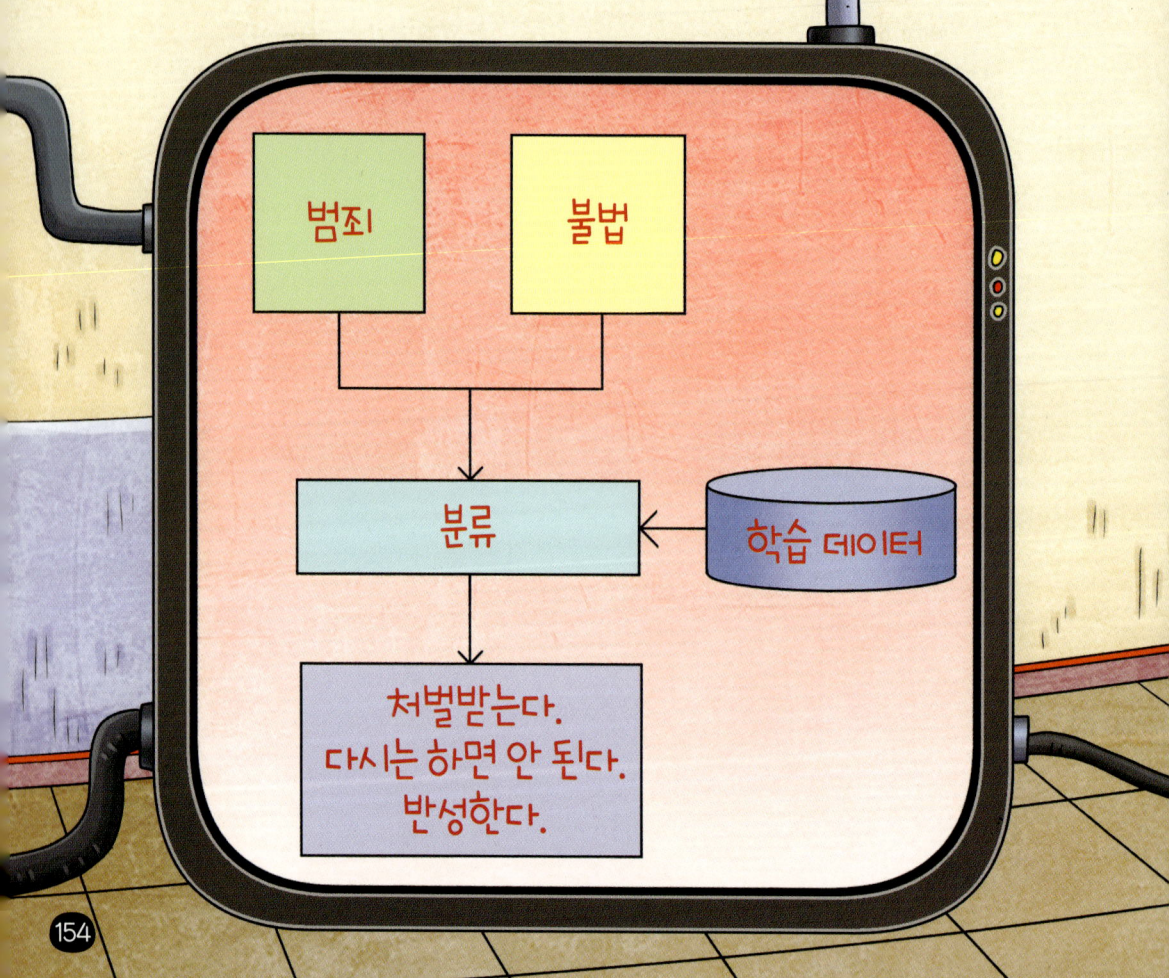

기계 학습을 통해 배워 나가는 똑똑한 인공 지능을 생각해 봐요. 인공 지능이 불법을 저질렀는데도 그대로 둔다면 그렇게 해도 된다고 학습이 되어서 더 심한 범죄를 저지를 거예요.
이때에는 새로이 기계 학습을 시켜야 해요. 어떠한 경우라도 불법을 저지르면 처벌을 받는다고 학습하게 해서 다시는 그렇게 행동하지 않도록 해야 해요.

5 놀라운 인공 지능의 미래

미래의 인공 지능은 어떤 모습일까요?

현재까지는 인공 지능이 초보 단계에 있어요. 그래서 사람들은 인공 지능을 사람과 같은 존재로 받아들이지 않아요.
그저 좀 더 똑똑하고 편리한 도구라고 생각하는 정도이지요. 하지만 미래에도 그럴까요?
인공 지능이 충분히 똑똑해지고 반응이 다양해져도 그냥 도구라고 생각할 수 있을까요?
미래에 똑똑한 인공 지능 집안일 로봇을 만난다면 다를 거예요.

우리 바다 보러 가자!

좋아!

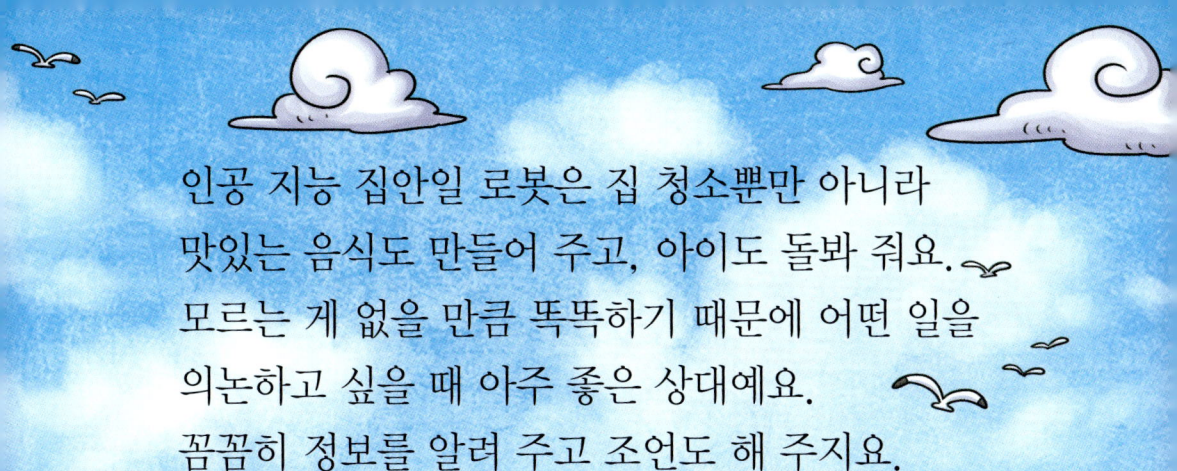

인공 지능 집안일 로봇은 집 청소뿐만 아니라 맛있는 음식도 만들어 주고, 아이도 돌봐 줘요. 모르는 게 없을 만큼 똑똑하기 때문에 어떤 일을 의논하고 싶을 때 아주 좋은 상대예요. 꼼꼼히 정보를 알려 주고 조언도 해 주지요. 이런 인공 지능 로봇이라면 더 이상 이 로봇을 도구라고만 생각하지는 못하겠지요.

미래에는 사람들이 인공 지능을 마치 살아 있는 존재처럼 느낄 거예요. 친구처럼 교감을 나누고, 가족처럼 애착을 느낄 수도 있겠죠.

이때쯤에는 사람들이 인공 지능에게도 예의를 갖춰 대해야 한다는 것도 배우게 될 거예요.

5 놀라운 인공 지능의 미래

뇌를 컴퓨터에 업로드할 수 있어요?

공상 과학 영화나 소설에서 가끔 이런 내용이 나와요. 뇌 과학과 컴퓨터 공학이 발달한 미래에, 사람의 뇌에 담긴 기억과 정보를 컴퓨터에 *업로드해요. 과연 그게 가능할까요? 아무도 그게 가능한지 아닌지 말할 수 없어요. 아직까지는 상상의 영역일 뿐이니까요.

과학 기술의 역사에서는 상상이 현실이 된 것들도 많아요.

*업로드 : 컴퓨터 통신망을 통해 다른 컴퓨터 시스템에 파일이나 자료를 전송하는 일.

사진이나 비디오가 없던 옛날 사람들이 현대에 온다면
아마 깜짝 놀랄 거예요.
머릿속으로만 기억하던 장면들을 사진과 비디오로
담아 두었다가 재생하는 걸 보고 무척이나
신기해하겠지요. 지금 우리 생각에는
사람의 뇌 정보를 컴퓨터에 옮겨 담기는
어려워 보여요. 그러나 이론으로만
볼 때는 가능하답니다.
인공 신경망 연구가 충분히 발전한다면
신경 세포에 담긴 사람의 뇌 정보도
컴퓨터에서 재생할 수 있을지도 몰라요.
사람의 몸과 비슷하게 만든 몸에
뇌의 정보를 옮겨 심는다면
또 다른 사람이 하나
탄생하겠지요.
아직은 상상만 해 볼
뿐이랍니다.

어린이 과학백과 시리즈
초등 교과 연계표

책 명	학년-학기	교 과	단 원
인체백과	2-1	봄2	1. 알쏭달쏭 나
	5-2	과학	4. 우리 몸의 구조와 기능
곤충백과	2-1	여름2	2. 초록이의 여름 여행
	3-1	과학	3. 동물의 한살이
	5-1	과학	5. 다양한 생물과 우리 생활
로봇백과	3-1	국어	2. 문단의 짜임
	3-1	과학	2. 물질의 생성
동물백과	3-1	과학	3. 동물의 한살이
	3-2	과학	2. 동물의 생활
	5-1	과학	5. 다양한 생물과 우리 생활
호기심백과	2-1	봄2	1. 알쏭달쏭 나
	3-1	과학	5. 지구의 모습
	5-2	과학	1. 날씨와 우리 생활
바다해저백과	3-1	과학	5. 지구의 모습
	3-2	과학	2. 동물의 생활
공룡백과	3-2	과학	2. 동물의 생활
	4-1	과학	2. 지층과 화석
전통과학백과	1-2	겨울1	2. 여기는 우리나라
	3-1	과학	2. 물질의 생성
	3-2	사회	2. 시대마다 다른 삶의 모습
우주백과	3-1	과학	5. 지구의 모습
	5-1	과학	3. 태양계와 별
장수풍뎅이 사슴벌레백과	2-1	여름2	2. 초록이의 여름 여행
	3-1	과학	3. 동물의 한살이
파충류백과	3-1	과학	3. 동물의 한살이
	3-2	과학	2. 동물의 생활
	5-1	과학	5. 다양한 생물과 우리 생활
벌레잡이·희귀 식물백과	1-1	봄1	2. 도란도란 봄동산
	4-1	과학	3. 식물의 한살이
	4-2	과학	1. 식물의 생활
세계 최고·최초백과	3-1	과학	5. 지구의 모습
	5-1	과학	3. 태양계와 별
	6-2	사회	3. 세계 여러 지역의 자연과 문화
발명백과	3-1	과학	2. 물질의 생성
	4-2	과학	3. 그림자와 거울
드론백과	3-1	과학	2. 물질의 생성
	5-2	과학	3. 물체의 빠르기
인공지능백과	4-1	과학	1. 과학자처럼 탐구해 볼까요?
	5	실과	6. 생활과 정보
	6	실과	3. 생활과 전기 전자 4. 나의 진로

가장 무섭고 공포스러운 생물은 누구?

《최강왕 초강력 위험 생물 최강왕 결정전》에서 전 세계 가장 포악한 생물들의 치열한 배틀을 만나 보세요.
Creature Story 편저

과학 학습 도감
최강왕 시리즈

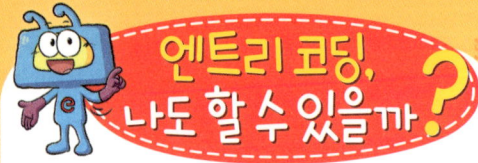

엔트리 코딩, 나도 할 수 있을까?

《퀴즈! 과학상식-엔트리 코딩》을 통해 따라 하면 할수록 쉽고 재미있고 신기한 엔트리 코딩을 만나 보세요.

김윤수 지음, 도니패밀리 그림

재밌는 만화로 배우는
퀴즈! 과학상식  현 86권